中华复兴之光
辉煌书画艺术

# 神奇石窟雕塑

孙常福 主编

汕头大学出版社

## 图书在版编目（CIP）数据

神奇石窟雕塑 / 孙常福主编. -- 汕头 : 汕头大学
出版社，2016.1（2023.8重印）
　（辉煌书画艺术）
　ISBN 978-7-5658-2407-4

　Ⅰ．①神… Ⅱ．①孙… Ⅲ．①石窟－古代雕塑－介绍
－中国 Ⅳ．①K879.3

中国版本图书馆CIP数据核字(2016)第015428号

**神奇石窟雕塑**　　　　　SHENQI SHIKU DIAOSU

主　　编：孙常福
责任编辑：任　维
责任技编：黄东生
封面设计：大华文苑
出版发行：汕头大学出版社
　　　　　广东省汕头市大学路243号汕头大学校园内　邮政编码：515063
电　　话：0754-82904613
印　　刷：三河市嵩川印刷有限公司
开　　本：690mm×960mm　1/16
印　　张：8
字　　数：98千字
版　　次：2016年1月第1版
印　　次：2023年8月第4次印刷
定　　价：39.80元
ISBN 978-7-5658-2407-4

# 前言

党的十八大报告指出："把生态文明建设放在突出地位，融入经济建设、政治建设、文化建设、社会建设各方面和全过程，努力建设美丽中国，实现中华民族永续发展。"

可见，美丽中国，是环境之美、时代之美、生活之美、社会之美、百姓之美的总和。生态文明与美丽中国紧密相连，建设美丽中国，其核心就是要按照生态文明要求，通过生态、经济、政治、文化以及社会建设，实现生态良好、经济繁荣、政治和谐以及人民幸福。

悠久的中华文明历史，从来就蕴含着深刻的发展智慧，其中一个重要特征就是强调人与自然的和谐统一，就是把我们人类看作自然世界的和谐组成部分。在新的时期，我们提出尊重自然、顺应自然、保护自然，这是对中华文明的大力弘扬，我们要用勤劳智慧的双手建设美丽中国，实现我们民族永续发展的中国梦想。

因此，美丽中国不仅表现在江山如此多娇方面，更表现在丰富的大美文化内涵方面。中华大地孕育了中华文化，中华文化是中华大地之魂，二者完美地结合，铸就了真正的美丽中国。中华文化源远流长，滚滚黄河、滔滔长江，是最直接的源头。这两大文化浪涛经过千百年冲刷洗礼和不断交流、融合以及沉淀，最终形成了求同存异、兼收并蓄的最辉煌最灿烂的中华文明。

五千年来，薪火相传，一脉相承，伟大的中华文化是世界上唯一绵延不绝而从没中断的古老文化，并始终充满了生机与活力，其根本的原因在于具有强大的包容性和广博性，并充分展现了顽强的生命力和神奇的文化奇观。中华文化的力量，已经深深熔铸到我们的生命力、创造力和凝聚力中，是我们民族的基因。中华民族的精神，也已深深植根于绵延数千年的优秀文化传统之中，是我们的根和魂。

　　中国文化博大精深，是中华各族人民五千年来创造、传承下来的物质文明和精神文明的总和，其内容包罗万象，浩若星汉，具有很强文化纵深，蕴含丰富宝藏。传承和弘扬优秀民族文化传统，保护民族文化遗产，建设更加优秀的新的中华文化，这是建设美丽中国的根本。

　　总之，要建设美丽的中国，实现中华文化伟大复兴，首先要站在传统文化前沿，薪火相传，一脉相承，宏扬和发展五千年来优秀的、光明的、先进的、科学的、文明的和自豪的文化，融合古今中外一切文化精华，构建具有中国特色的现代民族文化，向世界和未来展示中华民族的文化力量、文化价值与文化风采，让美丽中国更加辉煌出彩。

　　为此，在有关部门和专家指导下，我们收集整理了大量古今资料和最新研究成果，特别编撰了本套大型丛书。主要包括万里锦绣河山、悠久文明历史、独特地域风采、深厚建筑古蕴、名胜古迹奇观、珍贵物宝天华、博大精深汉语、千秋辉煌美术、绝美歌舞戏剧、淳朴民风习俗等，充分显示了美丽中国的中华民族厚重文化底蕴和强大民族凝聚力，具有极强系统性、广博性和规模性。

　　本套丛书唯美展现，美不胜收，语言通俗，图文并茂，形象直观，古风古雅，具有很强可读性、欣赏性和知识性，能够让广大读者全面感受到美丽中国丰富内涵的方方面面，能够增强民族自尊心和文化自豪感，并能很好继承和弘扬中华文化，创造未来中国特色的先进民族文化，引领中华民族走向伟大复兴，实现建设美丽中国的伟大梦想。

# 目 录

## 云冈石窟

## 麦积山石窟

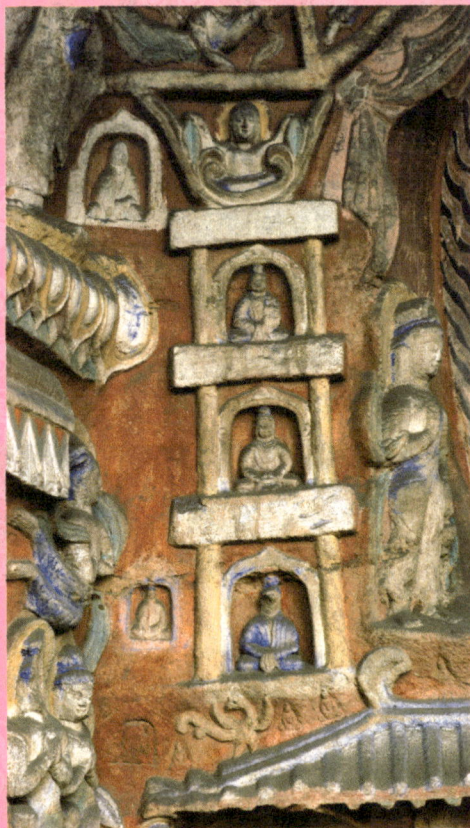

# 敦煌莫高窟

　　敦煌莫高窟又称千佛洞，一直以精美的壁画和形象的塑像闻名于世，是我国著名的四大石窟之一。它位于河西走廊西端，鸣沙山东麓的断崖上，始建于十六国的前秦时期，历经千年凿窟造像和不断修绘，形成了南北全长约1.6千米的宏大石窟群。

　　莫高窟现存洞窟、壁画、彩塑，是世界现存规模最庞大的"世界艺术宝库"，具有丰富的文化内涵。

# 南北朝时首开莫高窟

　　我国甘肃省敦煌市，东南有座鸣沙山，在鸣沙山东麓的断崖上，就是闻名世界的莫高窟、西千佛洞，是世界上现存规模最宏大和保存最完好的佛教艺术宝库。

　　莫高窟南北长约1.6千米，上下排列5层，高低错落有致，鳞次栉比，形如蜂房鸽舍，壮观异常。盛大辉煌的敦煌，有着悠久的历史和灿烂的文化。

　　早在原始社会末期，中原部落战争失败后被迁徙到河西的三苗人就在敦煌繁衍生息，他们以狩猎为生，并逐渐掌握了原始的农业生产技术。在夏、商、周时期，敦煌属古瓜州的范围，有三苗的后裔，当时羌戎族在此地游牧定居。

　　在战国和秦代时期，敦煌一带居住着大月氏、乌孙人和塞族人。在以后，大月氏逐渐强盛起来，兼并了原来的羌戎。在战国末期，大月氏人赶走了乌孙人、塞族人，独占了敦煌，直至秦末汉初。

　　在西汉初年，匈奴人入侵河西，两次挫败大月氏，迫使大月氏人

向西迁徙于锡尔河、阿姆河两河流域，整个河西走廊被匈奴占领了。

雄才大略的汉武帝继位后，采取武力防御和主动进攻两者兼用的战略，一边派遣张骞出使西域，联络大月氏、乌孙夹击匈奴，一边派霍去病率军北征，攻伐匈奴。

公元前121年，西汉政府在河西设置了酒泉郡和武威郡，并采用设防、屯垦、移民等措施，不断充实、加强建设河西。

公元前111年，西汉政府又将酒泉、武威两郡分别拆置敦煌、张掖两郡，又从令居（即今永登）经敦煌直至盐泽（即今罗布泊）修筑了长城和烽燧，并设置了阳关、玉门关，史称"列四郡，据两关"，保证了丝绸之路的畅通。

从此，我国的丝绸以及先进技术就源源不断地传播到中亚、西亚和欧洲等地。欧洲、地中海沿岸和西域的玉器、玛瑙、奇禽异兽、农作物等也都长途转运到中原。各国使臣、将士、商贾、僧侣往来不绝，都要

经过丝路要道敦煌。因此，敦煌成为了中西交通的"咽喉锁钥"。

当时的敦煌疆域辽阔，统管6县。西至龙勒阳关，东到渊泉（即今玉门市）以西，北达伊吾（即今哈密市）南连西羌，即今青海柴达木。

东汉初年，匈奴又逐渐强盛，征服了曾是西汉管辖的大部分西域地区，丝绸之路被迫中断。

公元75年，东汉王朝出兵四路进击北匈奴，重新打开通向西域的门户。同时派遣名将班超两度出使西域，杀死匈奴使节，联络西域诸国，重新使他们与东汉建立了友好关系，使断绝65年的丝绸之路重新获得畅通。

自西汉设郡到西晋末期的数百年间，丝绸之路虽几通几绝，但敦煌日渐呈现出繁荣昌盛的景象，也逐步发展成为西北军政中心和文化商业重地，成为"华戎所交大都会"。

魏晋时期的河西地区，先后建立了前凉、后凉、南凉、西凉、北凉等封建政权。前凉张骏时期，曾改敦煌为沙州。

自汉魏时期传入我国的佛教，在敦煌达到空前兴盛，饱受战争之苦的百姓拜倒在佛的脚下，企望解脱苦难，过上安定的生活。因此，敦煌是佛教东传的通道和门户，也是河西地区的佛教中心。

那时，有一大批佛学高僧在敦煌讲经说法，河西各地的佛门弟子多来此地研经习学。法显、鸠摩罗什等佛学大师们无论东进还是西去，都曾经在敦煌留下了他们的足迹。

366年，一个叫乐尊的和尚杖锡云游到了敦煌三危山下，黄昏到来的时候，乐尊和尚环顾四面，极目远望，想找个住的地方。

当乐尊和尚向三危山望去之时，他非常惊讶地看到：落日的金辉洒落在三危山，三危山放出了万道金光，犹如一个个金佛闪动。

乐尊和尚激动万分，虔诚地匍匐于地礼拜再三，于是决定常住于此，行走化缘，并将三危山下所见广为传播，当地民众百姓听闻之后将他视若神明。不久，莫高窟的第一个洞窟开工。

又是一年春天，风沙向此地再次袭来，卷起的沙子漫天飘飞，播种不久的种子在风沙过后已颗粒不见。百姓痛苦地望着田地，老人们眼角再次湿润，孩子们站在旁边，呆呆地望着。

人们开始埋怨：上天为什么这样？到底是什么原因？这风从何处来？他们想到了"妖魔鬼怪"。

正当人们为此纷纷议论之时，人群中一位老者缓缓站起来说道："前些日子在我们这儿化缘的那个和尚，听说法力无边，我们大伙去请他来作法，求神灵保佑我们吧！"

于是众人三步一叩，来到三危山下的莫高窟请乐尊和尚。

乐尊欣然答应，率弟子做了49天法事。自此，当地风调雨顺，五谷丰登。当地百姓万分感激，为了纪念高僧乐尊，在他圆寂之后，把他葬于该地，并建"镇风塔"纪念。此地从此更名为土塔村。

该村的人们还在距此塔约10米的地方建起了一座庙宇，并请工匠在四周的墙壁画满了壁画，精美绝伦。

继乐尊之后，莫高窟开凿于北朝时期的洞窟共有36窟，其中年代最早的第268窟、第272窟、第275窟可能建于北凉时期。

窟形主要是禅窟、中心塔柱窟和殿堂窟，彩塑有圆塑和影塑两种，壁画内容有佛像、佛经故事、神怪、供养人等。

北魏灭了北凉统一了北方后，占据了河西。在这个时期，敦煌比较安定，百姓安居乐业，佛教随之盛行。北魏人就在莫高窟开凿洞窟13窟。这一时期的彩塑以飞天、供养菩萨和千佛为主，圆塑最初多为一佛二菩萨组合，后来又加上了两弟子。塑像人物体态健硕，神情端庄宁静，风格朴实厚重。

壁画前期多以土红色为底色，再以青绿褚白等颜色敷彩，色调热烈浓重，线条纯朴浑厚，人物形象挺拔，有西域佛教的特色。西魏以后，底色多为白色，色调趋于雅致，风格洒脱，具有中原的风貌。

典型洞窟有第249窟、第259窟、第285窟、第428窟等。如第243石窟北魏时代的释迦牟尼塑像，巍然端坐，身上斜披印度袈裟，头顶扎扁圆形发髻，保留着犍陀罗样式。

敦煌莫高窟早期洞窟和洞窟中的壁画，可以说明外来宗教艺术对于直接描写生活的传统绘画的影响。

第267窟至第271窟中的十六国壁画已被隋代壁画覆盖，这一组洞的建筑形制和第272窟、第275窟两窟的窟形与壁画，以及三者关系都是独具特色的。

第272窟、第275窟中十六国时期的壁画有特殊风格，它是在土红色的背景上布满散花，人物半裸体，有极其夸张的动作。人体用晕染法表现体积感及肌肤的色调，但因年代久，颜料变色，只能看见一些粗黑线条。

而根据某些保存了原来面貌的壁画片段，可知那黑色原来都是鲜丽的肉红色。具有这样风格的第272窟菩萨像和第275窟的《尸毗王本生故事图》，都是代表性作品。

菩萨像的身体重量放在右脚上，姿态从容妩媚，说明这一时期处理佛像形象出现新的方式，是根据现实生活选择被认为美丽的姿势来加以表现的。这一尊菩萨像和其他菩萨一样，都是从生活中进行摄取并进而加以提炼出美的形象。

《尸毗王本生故事图》画面上尸毗王垂了一条腿坐着，有人用刀在他腿上割肉，另外有人手持天平，在天平的一端站着一只安静的鸽子，这样虽然说明了故事内容的一部分，却还不能比较概括地说明全部情节。

比如佛的前身尸毗王为了从鹰的口中救出鸽子的性命，愿意以和鸽子同等重量的一块自己的肉为赎。但割尽两股、两臂、两胁以及全身的肉，都仍然轻于鸽子。

最后他决心站到秤盘上去，结果天地震动，尸毗王得到完全平复，而且超过了以往。

"尸毗王本生"是北魏佛教壁画和一部分浮雕中流行的许多故事之一，这些故事都是说佛的前生如何为救助旁人而牺牲自己的故事，借以宣传佛教教义。

北魏洞窟一般形式是有前室及正室两部分，前室做横长方形，具有向前向后两面坡的屋顶，椽与椽之间有成排的忍冬花纹装饰，又称为"人字坡图案"。

北魏洞窟的正室呈方形，中央有一中心方柱，中心柱上有佛龛及塑像，四壁都有壁画，窟顶装绘着划分为方格的平基图案。如第254窟、第257窟两窟就都是这种形式的。

第254窟和第257窟的壁画比较丰富。其中第254窟的《尸毗王本生故事图》《萨埵那太子本生故事图》和第257窟的《鹿王本生故事图》是有名的北魏代表作。

《萨埵那太子本生故事图》讲述的是一个劝人舍己救人的故事，说的是古代一个国王有3个太子，他们到山林中游猎，看见母虎生了7只小虎，方才7天，饥饿不堪。

最小的太子萨埵那是佛的前身，他大发慈悲的心肠，劝走了两个哥哥以后，就脱了衣服跳下山去，打算牺牲自己救助饥饿的老虎。

但饿虎已经没有力气去接近他，于是他又攀上山头，用干竹刺自己使颈出血，再跳下山去，饿虎舐尽了他的血，然后又吃掉了他的肉。

萨埵那的两个哥哥回来看见了，悲痛地收拾了他的骸骨，并且将这件事情告诉了国王，于是国王为萨埵那修了一座塔。

这一题材在莫高窟和库车附近的洞窟壁画和洛阳龙门宾阳洞以及造像碑上的浮雕，有多种不同的处理方法。

《萨埵那太子本生故事图》是把主要情节连续地布置在一幅构图

之中，因年代久远色调变为暗褐色间以青绿色，倒表现出一种阴暗凄厉的气氛。

《鹿王本生故事图》是用一长条横幅展开了连续的情节，说的是古代有一头美丽的九色鹿王，也有人说它是佛的前身。

九色鹿王在江边游戏的时候，救起了一个将要溺死的人，被救的溺人叩头拜谢，要给鹿王做奴。

鹿王拒绝了，告诉他说："将来有人要捕捉我的时候，不要说见到过我。"

这个时候正好有一个善良正直的国王，但是他的王后却很贪心。王后梦见了鹿王，毛有九色，角胜似犀角。她醒后就向国王说，她要用这个鹿的皮为衣，角作为耳环。并说如果得不到，她将因此而死，于是国王悬赏求鹿。

当时那个被救的溺人贪图赏赐的金银和土地，于是前去告密，但他忘恩负义的行为立刻得到了报应，那就是身上生癞，口中恶臭。

国王带人来捉鹿时，鹿王正在熟睡，被它的好友乌鸦所惊醒，鹿王就在国王前诉说了它拯救溺人的经过。

国王被深深地感动了，于是放弃了捕捉鹿王的计划，并且下令全国，可以允许鹿王任意行走，不得捕捉。但王后听说国王放了鹿王，果然心碎而死。

这个故事虽然把公平归功于国王的正直，但故事内容却体现了对于负义与贪心的谴责。

《萨埵那太子本生故事图》和《鹿王本生故事图》这两幅本生图在风格上，特别是人物形象上，具有和第272窟和第275窟壁画同样强烈的独特风格，但也明显地承袭了汉代绘画的传统，如树木、动物、山林、建筑物等。

《鹿王本生故事图》的横卷式构图，以及每一段落的附有文字榜题，都说明传统绘画在新形成的佛教美术中的重要作用。

佛教的本生故事都是以无止境地、不择对象地舍己救人，以绝对地牺牲自己为主题，这些故事都是利用百姓的口头传说加以渲染而成，所以不仅在文学描写上具有充满真实情感的片段的特点，而且在一定程度上反映了普通百姓的善恶判断和在痛苦生活中产生的幻想与追求。

所以对于萨埵那太子等人强烈同情心的想象，宣传舍己救人的美德，在一方面就是反对任何剥削阶级所共有的自私自利的行为，但夸张到不合情理、敌我不分的地步，最主要的方面还是利用劳动人民的善良心理，发挥麻醉欺骗，忍受剥削和痛苦的作用。

北魏时代洞窟中表现这些本生故事的壁画一般是比较简单的，除了在内容上曲折地反映了深受痛苦的人民生活以外，便是一些传统绘

画的形象。

一些新创造的人物在动作体态上具有生活的真实感，而在构图上，充分展开情节的能力不高，但形象之间已经具有了一定内容上的联系，而不是单纯的排列。

第285窟是莫高窟最重要的洞窟之一，它有年代确切的题记，并且表现出传统风格进一步的发展和莫高窟与中原地区石窟造像的联系。第285窟有537年、538年的题记，这个时候北魏已经分裂为东魏和西魏。西魏的瓜州刺史东阳王元荣，大力提倡佛教和佛教造像，元荣曾组织人抄写佛经，以100卷为一批，传播过数批佛经，他对于莫高窟的发展起到了一定的作用。

第285窟的窟顶中央是一"斗四藻井"，四面坡面上画的是日天、月天、雷神、飞廉、飞天，还有成排在岩穴间的苦修者。苦修者的岩穴外面，有各种动物游憩于林下溪滨，窟顶的这些动物描写真实自然而又富于感情。

第285窟的四壁，大多是成组的一佛与两服侍菩萨，但窟壁最上方，往往有飞天乘风飘荡，最下方有勇猛健壮的力士，南壁中部则是《五百强盗故事图》。

　　这一部分壁画和北魏末年中原一带流行的佛教美术有共同的风格特点。例如菩萨和供养人清癯瘦削的脸型，厚重多褶纹的汉族长袍，在气流中飘动的衣带、花枝，建筑物的欹斜状态等。

　　第285窟是可以和同时代其他各地石窟及造像碑作比较的，石窟的后壁的佛像，画风也大有不同，其中有密宗的尊神，无疑是第272窟等窟画法最后的残余。除了这些以外，第285窟的壁画也可以代表在传统基础上发展起来的宗教美术的新形式。

　　莫高窟北朝后期洞窟中还有完全承继汉代画风的，例如第249窟窟顶的狩猎图，它除描绘了活泼奔驰着的动物、人马和山峦树木的骑射图像外，并有青龙、白虎等异兽和非佛教神话中的东王公、西王母等人物形象。

　　《萨埵那太子本生故事图》及《须达那太子本生故事图》中都大量地描绘了山林和骑马的景象，更加可以说明民间画师在处理新的故事题材时，尽量利用自己熟悉的、传统的形象与表现形式，作为取得新的形式的基础。

　　另外，飞天是莫高窟最有特色的标志，从十六国北凉到北魏，大约170余年，此时期的敦煌飞天深受印度和西域飞天的影响，大体上是西域式飞天。但这一时期两个朝代的飞天特点也略有不同。

　　莫高窟在北凉时的飞天多画在窟顶平棋岔角和藻井装饰中，以及佛龛上沿与本生故事画主体人的头上。

　　其造型和艺术特点主要是头有圆光、脸型椭圆，直鼻大眼，大嘴大耳、耳饰环绕，头束圆髻，或戴或蔓，或戴印度五珠宝冠，身材粗短，上体半裸，腰缠长裙，肩披大巾。由于晕染技法变色，成为白鼻梁、白眼珠，与西域龟兹等石窟中的飞天，在造型、姿态、色彩、绘画技艺上都十分相似。

　　由于莫高窟初建时，敦煌地区的画师画工尚不熟悉佛教题材和外来艺术，处于模仿阶段，运笔豪放，大胆着色，显得粗犷朴拙。

　　莫高窟存留下来的北凉石窟只有3个。最具有北凉风格特点的飞天，是第二七五窟北壁本微故事画主体人物上方的几个飞天。

　　他们头有圆光，戴印度五珠宝冠，或头束圆髻，上体半裸，身体呈"U"字形，双脚上翘，或分手，或合手，有凌空飞行的姿势，但这种飞动的姿势显得十分笨拙，有下落之感。"U"字形的身躯也显得直硬，尚不圆润，微还有印度石雕飞天的遗迹。

　　莫高窟北魏时期的飞天所画的范围扩大了，不仅画在窟顶平棋、窟顶藻井、故事画、佛龛上面，还画在说法图、佛龛内两侧。北魏的飞天形象，有的洞窟大体上还保留着西域式飞天的特点，但有一些洞窟里的飞天形象，已发生了明显的变化。

　　北魏时期的飞天脸形已由丰圆变得修长，眉清目秀，鼻丰嘴小，五官匀称谐调。头有圆光，或戴五珠宝冠，或束圆髻。身材比例逐渐修长，有的腿部相当于腰身的两倍。

这时飞天的飞翔姿态也多种多样，有的横游太空，有的振臂腾飞，有的合手下飞，气度豪迈大方。势如翔云飞鹤，飞天落处，朵朵香花飘落，颇有"天花乱坠满虚空"的诗意。

虽然飞天的肉体与飘带已经变色，但衣裙飘带的晕染和线条十分清晰，飞天飞势动态有力，姿势自如优美。

莫高窟西魏时期的飞天，所画的位置大体上与北魏时期相同，只是西魏时期出现了两种不同风格特点的飞天，一种是西域式飞天，一种是中原式飞天。

西域式飞天继承北魏飞天的造型和绘画风格，其中最大的变化是作为香间神的乾闼婆，散花飞天抱起了各种乐器在空中飞翔，作为歌舞神的紧那罗，天宫伎乐，冲出了天空围栏，也飞翔于天空。

两位天神合为一体，成了后来的飞天，也叫散花飞天和伎乐飞天。其代表作品是第249窟西壁佛龛内上方的四身伎乐飞天。

中原式飞天，是东阳王元荣出任瓜州刺史期间，从洛阳带来的中原艺术画风在莫高窟里新创的一种飞天。

中原式飞天是我国道教飞仙和印度教飞天相融合的飞天，既使我国的道教飞仙失去了羽翅，裸露上体，脖饰项链，腰系长裙，肩披彩

带，也使印度的佛教失去了头上的圆光和印度宝冠，束起了发髻，戴上了道冠。

中原式飞天人物形象宣传的是中原"秀骨清像"形，身材修长，面瘦颈长，额宽颐窄，直鼻秀眼，眉细疏朗，嘴角上翘，微含笑意。

中原式飞天其最具代表性的是第282窟南壁上层的10多个飞天，头束双髻，上体裸露，腰系长裙，肩披彩带，身材修长，成大开口横弓字形，逆风飞翔。

分别演奏腰鼓、拍板、长笛、横箫、芦笙、琵琶、阮弦、箜篌等乐器。四周天花旋转，云气飘荡，衬托着飞天迎风而飞翔，身轻如燕，互相照应，自由欢乐，漫游太空。

北周是鲜卑族在大西北建立的一个少数民族政权，虽然统治时期较短，但在莫高窟营建了许多洞窟。

鲜卑族统治者崇信佛教，而且通好西域，因而莫高窟再度出现了西域式飞天。这种新出的飞天具有龟兹、克孜尔等石窟飞天的风格，脸圆、体壮、腿短，头圆光，戴印度宝冠，上体裸露，丰乳圆脐，腰系长裙，肩绕巾带。

北周飞天最突出的是面部和躯体采用凹凸晕染法，后来因为变色，出现了五白，即白眉棱、白眼眶、白鼻梁、白嘴唇、白下巴。

身躯短壮，动态朴拙，几乎又回到了莫高窟北凉时期飞天绘画风格特点。但形象却比北凉时期丰富得多，出现了不少伎乐飞天。

最具有北周风格的飞天，是第290窟和第428窟中的飞天。这两个窟中的飞天，体态健壮，脸形丰圆，头有圆光，戴印度宝冠，五官具有五白特点，上体裸露，腰系长裙，肩绕巾带，躯体用浓厚有凹凸晕染，后因变色丰乳圆脐更为突出。

第428窟中的伎乐天飞，造型丰富，或弹琵琶，或弹箜篌，或吹横笛，或击腰鼓，形象生动，姿态优美。尤其是南壁西侧的一身飞天，双手持竖笛，双脚倒踢紫金冠，长带从身下飘飞，四周天花飘落，其飞行姿态，像一只轻捷的燕子俯冲而下。

400年，李暠占据敦煌称王，建立西凉国。敦煌有史以来第一次成为国都，以后亡于北凉。

前凉、西凉、北凉三政权先后统治河西地区时，比较注重谨修内政，安民保境，轻徭薄赋，劝课农桑，崇尚儒学，兴办教育，使得河西地区社会安定，经济繁荣，文化昌盛。

在十六国时期，群雄逐鹿中原，战火四起，百姓流离失所，处于水深火热之中，而河西成了相对稳定的地区。中原大批学士儒生和百姓纷纷背井离乡，逃往河西避难，给河西地区带来了先进的文化和生产技术。

# 隋唐时期莫高窟迅速发展

隋朝的建立，结束了西晋以来300余年的分裂局面，完成了统一中国的大业。

隋文帝收复河西时，相继平息了突厥、吐谷浑的侵扰，保证了丝绸之路的畅通与繁荣，同时改北周以来的鸣沙县为敦煌县。

隋文帝平定了南方割据政权后，将大批南朝贵族连同其部族远徙敦煌充边，给敦煌带来了南方的文化和习俗。这样，南北汉文化在敦煌融为一体，使敦煌的地方文化更加富有明显的特色。

隋文帝崇信佛教，几次下诏各州建造舍利塔，诏命远至敦煌。大业初年，隋炀帝派吏部侍郎裴矩到张掖、敦煌一带了解丝绸之路及中西通商和贸易情况。

609年，炀帝西巡，在张掖举办了西域27国贸易交易大会，盛况空前。在最高统治者的提倡下，隋代虽存在只有短短的37年，但在莫高窟开窟竟有90多个，而且规模宏大，壁画和彩塑技艺精湛，同时并存着南北两种截然不同的艺术风格。

在有隋代壁画的90多个洞窟中，第302窟、第305窟、第420窟、第276窟、第419窟，都是比较重要的。隋代和北朝晚期的一部分壁画时代界限，已经不容易划分清楚。

隋代洞窟的建筑形制和壁画题材，多与北魏时代相似。窟形是当时流行的制底窟，壁画的布置，故事画多居于窟顶，四壁常画贤劫千佛或说法图。

但隋代洞窟的佛教故事画表现丰富，出现很多生活景象的具体描写，都很简单而又有真实感，构图也比较复杂并多变化。可以说，隋代壁画是佛教美术的进一步成熟。

从西魏至隋代大约80余年，这个时期的敦煌飞天形象，正处在佛教天人与道教羽人以及西域飞天与中原飞仙互相交流融合、创新变化的阶段，是中西合璧的飞天。

隋代是莫高窟飞天最多的一个时代，也是莫高窟飞天种类最多、

姿态最丰富的一个时代，除了画在北朝时期飞天的位置，主要画在窟顶藻井四周、窟内上层四周和西壁佛龛内外两侧，多以群体出现。

隋代飞天的风格，可以总结为4个不一样，即区域特点不一样；脸型身材不一样；衣冠服饰不一样；飞行姿态不一样。

从总体上说，隋代飞天处在交流、融合、探索和创新的时期。总趋势是向着中国化的方向发展，为唐代飞天完全中国化奠定了基础。

最具有隋代风格的飞天，是第427窟和第404窟的飞天，而第427窟则是隋代大型洞窟之一，也是隋代飞天最多的洞窟，此窟四壁上沿天宫栏墙之上飞天绕窟一周，共计108个。

第427窟的这108个飞天，皆头戴宝冠，上体半裸，项饰璎珞，手带环镯，腰系长裙，肩绕彩带，多有西域飞天的形象、服饰的遗风，肤色虽已变黑，形象仍十分清晰。她们有的双手合十，有的手持莲花，有的手捧花盘，有的扬手散花，有的手持箜篌、琵琶、横笛、竖琴等乐器，朝着一个方向绕窟飞翔。

第427窟飞天姿态多样，体态轻盈，飘曳的长裙，飞舞的彩带，迎风舒卷；在飞天四周，流云飘飞，落花飞旋，动感强烈，富有生气。

唐朝初期，在河西设立了肃、瓜、沙三州，河西全部归唐所属。

640年，唐太宗李世民一举铲除东西大道上以西突厥为主的障碍，确保了丝路古道的畅通无阻。唐代的敦煌同全国一样，经济文化高度繁荣，佛教非常兴盛，这一时期莫高窟开窟数量多达1000余窟，保存下来的有232窟，而且壁画和塑像都达到异常高的艺术水平。

645年，大唐著名的高僧玄奘到印度取经，返回的时候，途经敦煌停留了一段时间，才回到长安。在唐朝兴起的时候，我国西南部的吐蕃王朝日益强盛。"安史之乱"以后，唐王朝由鼎盛开始走向衰落，从此一蹶不振，吐蕃则乘虚进攻河西，攻陷了凉州、甘州、肃州等地，统治河西长达70多年。

吐蕃也信奉佛教，莫高窟的唐代洞窟中也保存了大量吐蕃时期的壁画艺术，藏经洞内保存了大量的吐蕃文经卷。

848年，敦煌百姓难以忍受吐蕃暗无天日的统治和奴隶般的生活，本地人张议潮乘吐蕃王朝发生内乱，联络当地各族群众，聚众起义，赶走吐蕃贵族，一举光复了沙州。

张议潮经过10多年的斗争，全部收复了河西、河湟等地，并遣使奉表归唐。唐王朝封张议潮为河西、河湟十一州节度使，建归义军，治理沙州。后来，朝廷诏张议潮入朝为官，沙州张氏宗族内乱，其孙张承奉继任节度使，背叛大唐自立为"西汉金山国"，自称"金山白衣天子"。

在此时，甘州回鹘也控制了河西走廊中部地区。"金山国"为打通东西交通，与回鹘交战，结果一败涂地。后回鹘攻打沙州，张承奉难以抵挡，只好投降。

914年，金山国亡，张氏绝后，沙州长史曹议金取代节度使地位，统领瓜、沙两州。在曹氏统治期间，笼络瓜、沙族，注意发展生产，重视经济、军事和文化建设，改善同周围各民族的关系，东交回鹘，西联于阗，与邻邦各国和睦相处，维持了130多年。

隋唐可以说是莫高窟发展的全盛时期，共留下洞窟300多窟。禅窟和中心塔柱窟在这一时期逐渐消失，而同时大量出现的是殿堂窟、佛坛窟、四壁三龛窟、大像窟等形式，其中殿堂窟的数量最多。

塑像都为圆塑，造型浓丽丰满，风格更加中原化，并出现了前代所没有的高大塑像。群像组合多为七尊或者九尊，隋代多是一佛、两弟子、两菩萨或四菩萨，唐代多是一佛、两弟子、两菩萨和两天王，有的还加上两力士。

这一时期的莫高窟壁画题材丰富、场面宏伟、色彩瑰丽，美术技巧达到空前的水平。如中唐时期制作的第79窟服侍菩萨像中的样式，上身裸露，做半跪坐式。

塑像头上合拢的两片螺圆发髻，是唐代平民的发式。脸庞、肢体的肌肉圆润，施以粉彩，肤色白净，表情随和温存。虽然眉宇间仍点了一颗印度式红痣，却更像生活中的真人。

在第159窟中，也是服侍菩萨。塑像上身赤裸，斜结璎珞，右手抬起，左手下垂，头微向右倾，上身有些左倾，胯部又向右突，动作协调，既保持平衡，又显露出女性化的优美身段。

另外一位菩萨全身着衣，内外几层表现清楚，把身体结构显露得清晰可辨。衣褶线条流利，色彩艳丽绚烂，配置协调，身材修长，比例恰当，使人觉得这是两尊有生命力的"活像"。

整个唐代，大约300余年，这个时期的敦煌飞天在本民族传统文化艺术的基础上，不断吸收印度飞天的成分，融合西域、中原飞天的成就，发展创作出了自己的特色。

从十六国起，历经北凉、北魏、西魏、北周、隋代五个朝代，百余年的时间，完成了敦煌飞天中外、东西、南北的互相交流、吸收、融合。

到了唐代，敦煌飞天进入成熟时期，艺术形象达到了最完美的阶段，这时期的敦煌飞天已少有印度、西域飞天的风貌，是完全中国化的飞天。

唐代是莫高窟大型经变画最多的朝代，窟内的四壁几乎都被大型经变画占领，飞天也主要画在大型经变画中。在题材上，一方面表现大型经变画中的佛陀说法场面，散花、歌舞、礼赞作供养；另一方面表现大型经变，如佛国天界、西方净土、东方净土等极乐世界的欢乐。唐代飞天飞绕在佛陀的头顶，或飞翔在极乐世界的上空。有的脚踏彩云，徐徐降落；有的昂首振臂，腾空而上；有的手捧鲜花，直冲云霄；有的手托花盘，横空飘游。

飞天那飘曳的衣裙，飞卷的舞带，真如唐代诗人李白咏赞仙女的

诗中"素手把芙蓉，虚步蹑太虚。霓裳曳广带，飘浮升天行"描写的诗情画意。

唐代敦煌石窟的艺术，可以划分为初唐、盛唐、中唐、晚唐四个阶段，这四个阶段又可划分为两个时期。

618年至781年，就是唐王朝直接统治敦煌地区时期；781年至907年，就是吐蕃族占敦煌地区和河西归义军节度使张议潮管辖敦煌地区时期。

艺术风格最能体现时代的政治、经济、社会形态。唐代前期的飞天具有奋发进取、豪迈有力、自由奔放和奇姿异态，变化无穷的飞动之美。这与唐王朝前期开明的政治、强大的国力、繁荣的经济、丰富的文化和开放的奋发进取时代精神是一致的。

第321窟西壁佛龛两侧各画两身双飞天，这两身飞天，飞翔姿态十分优美。尽管飞天的面容、肉体已变成绛黑色，但眉目轮廓、肉体姿态、衣裙彩带的线条十分清晰，身材修长，昂首挺胸，双腿上扬，双手散花，衣裙巾带随风舒展，由上而下，徐徐飘落，像两只空中飞游的燕子，表现出了潇洒轻盈的飞行之美。

第320窟的四飞天画在南壁《西方净土变》中阿弥陀佛头顶华盖的上方，每侧两身，以对称的形式，围绕华盖，互相追逐：一个在前，扬手散花，反身回顾；另一个举臂托篮，紧追不舍，前呼后应，表现出一种既奋发进取，又自由轻松的精神力量和飞行之美。

飞天四周，彩云飘浮，香花纷落，既表现飞天向佛陀作供养，又表现佛国天堂的自由欢乐。飞天的肉体虽已变黑，面容不清，但人体比例准确，线描流畅有力，色彩艳丽丰富，是唐代飞天代表作之一。

唐后期最有代表性的飞天是画在中唐第158窟西壁大型《涅槃经变》图上方的几身飞天。这几身飞天围绕《涅槃经变》图上层的菩提树宝盖飞翔，有的捧着花盘，有的捧着璎珞，有的手擎香炉，有的吹奏羌笛，有的扬手散花。

飞天神情平静，并无欢乐之感，在庄严肃穆的表情中透露出忧伤悲哀的神情，体现出了一种"天人共悲"的宗教境界，同时，也反映出唐代后期国力衰败和当时吐蕃族统治的敦煌地区回归大唐的情绪。

研究认为，敦煌画师的来源主要有四种：首先是来自西域的民间画师；第二是朝廷的高级官吏获罪流放敦煌时携带的私人画师；第三是高薪聘请的中原绘画高手；第四是来自五代时期官办敦煌画院的画师。

在敦煌文献中，所有的画师都被称为画匠或画工，可见画师们主要来自民间，社会地位并不高，他们创作壁画时很可能就住在阴暗潮湿的洞窟里。壁画中大量的田间劳动场景，活生生地再现了当时的经济状态和科技水平。

敦煌画师们绘成了精美绝伦的壁画，而关于他们的记载又几乎是空白，所以，他们的生平总能激起艺术家的无穷想象。

知识点滴

# 五代宋元莫高窟走到极致

五代和宋朝的时候，敦煌莫高窟存留下来的有100多窟，多为改建、重绘的前朝窟室，形制主要是佛坛窟和殿堂窟。从晚唐至五代，统治敦煌的张氏和曹氏家族均崇信佛教，为莫高窟出资甚多，因此供养人画像在这个阶段大量出现，内容也很丰富。

塑像和壁画都沿袭了晚唐的风格，但越到后期，其形式就越显公式化，美术技法水平也有所降低。这一时期的典型洞窟有第61窟和第98窟等，其中第61窟的地图《五台山图》是莫高窟最大的壁画，高5米，长13.5米，绘出了山西五台山周边的山川地形、城池寺院、亭台楼阁等，堪称恢宏壮观。

在11世纪初，西北地区的党项族开始兴起，逐步强大起来。1028年取胜甘肃回鹘，继而攻陷瓜州、沙州，称霸河西，于1038年建立了西夏王朝。于是，在当时形成了宋、辽、西夏三足鼎立的局面。

在西夏统治敦煌的100多年间，由于重视经济发展，使敦煌保持着汉代以来"民物富庶，与中原不殊"的水平。

西夏统治者崇信佛教，也不排斥汉文化，在文化艺术方面也有大的发展。千百年来，莫高窟和榆林窟保存着大量丰富而独特的西夏佛教艺术，举世闻名的"敦煌遗书"即在西夏统治时期封藏于莫高窟第17窟内。

1206年，元太祖铁木真统一漠北各部族，成立了强大的部落联盟。

1227年，蒙古大军灭西夏，攻克沙州等地，河西地区归元朝所有。此后，敦煌为沙州路，隶属甘肃行中书省，后为沙州总管府。

莫高窟共有西夏和元代的洞窟85窟，其中西夏修窟77窟，多为改造和修缮的前朝洞窟，洞窟形制和壁画雕塑基本都沿袭了前朝的风格。一些西夏中期的洞窟出现回鹘王的形象，可能与回鹘人有关。而到了西夏晚期，壁画中又出现了西藏密宗的内容。

元代洞窟只有8窟，全部是新开凿的，出现了方形窟中设圆形佛坛形制，壁画和雕塑基本上都和西藏密宗有关。典型洞窟有第3窟、第61窟和第465窟等。

从五代至元代，大约460余年，这一时期的敦煌飞天继承唐代余风，图形动态上无所创新，逐步走向公式化，已无隋代时创新多变和唐代时的进取奋发精神。飞天的艺术水平和风格特点虽有不同，但一代不如一代，逐渐失去了原有的艺术生命。

不过历代政权都崇信佛教，在莫高窟、榆林窟新建和重修了大量

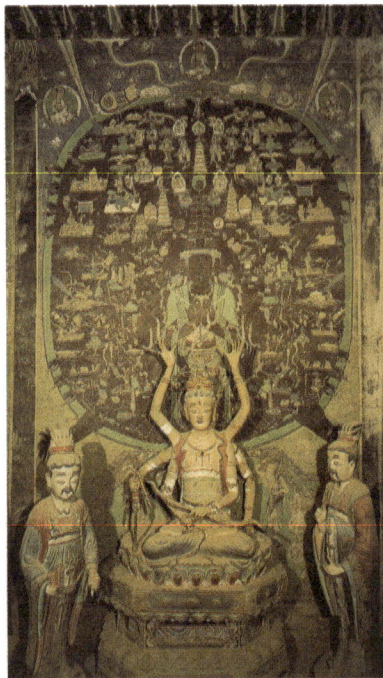

洞窟，并且建有画院，聘用了一些当时著名的画匠继承仿效唐代风格特点，在榆林窟和莫高窟也留下了一些上乘的飞天之作。其代表作品是榆林窟第16窟和莫高窟第327窟中的飞天。

榆林窟第16窟是五代早期的一个洞窟，窟内所画的飞天，虽然没有唐代飞天的生动活泼、身姿俏丽，但装饰性十分好。

例如第16窟中一个弹古筝和一个弹箜篌的飞天，画得很完美，飞天皆头束发髻，弯眉大眼，直鼻小唇，脸形丰圆，耳垂环绕，半裸上体，胸饰璎珞，臂饰镯钏，腰系长裙，赤脚外露，双手娴熟地弹拨琴弦，姿态优雅。

第16窟最大的特点是飞天飞舞的巾带是身体长的3倍，飞舞的巾带中间有飘旋的花朵，飞舞的巾带下面有彩云流转，飞天好似逆风翱翔在彩云上，整个画面对称均等，装饰性很强。

莫高窟西夏时期的飞天，一部分沿袭宋代的风格，一部分具有西夏独特的风格，最大的特点是把西夏党项族人物风貌和民俗特点融入了飞天的形象，脸形长圆，两腮外鼓，深目尖鼻，身体健壮，身穿皮衣，多饰珠珠，世俗性很强。

其中具有代表性的是第97窟中的童子飞天，该窟西壁佛龛内侧，各画一处童子散花飞天，形象、姿态、衣服相同，头顶秃发，两侧梳小辫，圆脸细眉，眼角上翘，赤膊光腿，肌肉丰满，体格健壮。臂饰珠镯宝钏，腰系兽皮肚围，脚穿短筒皮靴。

童子飞天一手持莲花，一手持花盘，一腿弯曲，一腿上扬，由上而下飞行。背上彩带飞舞，飞动气势不强。这两个飞天已无早期神天佛国乐神和歌神的神态，也无唐代飞天婀娜多姿的风韵。

如果抹去童子飞天臂上的巾带，脚下的彩云完全是一位党项族打扮的男童，从人物形象、发式、衣饰上看，都表现出了西夏党族的特点和生活风格。

元代时期，广泛流行密宗，分藏密和汉密，藏传密宗艺术中无飞天，汉传密宗艺术中存留的飞天也不多。其中具有代表性的是画在第三窟南壁和北壁《千手千眼观音经变》图上方两角的四身飞天，北壁《观音经变》图上方两身飞天造型较为完美。敦煌飞天，经历了千余年的岁月，展示了不同的时代特色和民族风格，许多优美的形象，欢乐的境界，永恒的艺术生命力至今仍然吸引着人们。

敦煌莫高窟壁画堪称世界一绝，那么究竟是谁绘成了这些堪称世界艺术瑰宝的敦煌壁画呢？人们一直期待从莫高窟北区找到关于壁画作者的千古谜底。甚至肯定地认为，莫高窟北区的很多洞窟是敦煌画师的住所。但是来自北区洞窟的发现表明，这些洞窟是僧人居住修行或印制佛经的地方，这使得关于壁画作者的千古之谜更加扑朔迷离。

根据对敦煌壁画题记和敦煌文献的研究，大约只有10世纪左右的壁画画工有零星资

料，而在4世纪至9世纪的壁画中，找不到关于作者的任何资料。浩繁的敦煌文献和大量壁画题记中，有关壁画作者的题记和文献记载，总共只有40多条，有名有姓的壁画作者仅有平咄子等12人。

在开凿于元代的第3窟南北两壁，画着极其精美的千手千眼观音像，这两幅千手千眼观音像以线写形，以色显容，用遒劲有力的线条勾勒人物轮廓，轮廓内再淡施晕染，有些不施色彩却见肌肤，被公认为是敦煌壁画的极品。

千手千眼观音像壁画的落款为"甘州史小玉笔"，专家认为史小玉应该是甘肃张掖人，但史小玉很可能是艺名而非真名，至于其生平已经无从考证。

自元朝以后，千里河西逐渐失去了昔日的光彩。

知识点滴

朱元璋建立明朝以后，为扫除元残部，派宋国公冯胜率兵三路平定河西获胜，修筑了嘉峪关明长城，重修了肃州城。明王朝为了加强西北边疆的防卫，设置了关西七卫。

1405年，明王朝在敦煌设沙州卫。后吐鲁番攻破哈密，敦煌面临威胁。明王朝又在沙州古城设置罕东左卫。1516年，敦煌被吐鲁番占领。

1524年，明王朝下令闭锁嘉峪关，将关西平民迁徙关内，于是废弃了瓜、沙两州。此后200余年敦煌旷无建置，成为"风播楼柳空千里，月照流沙别一天"的荒漠之地了。

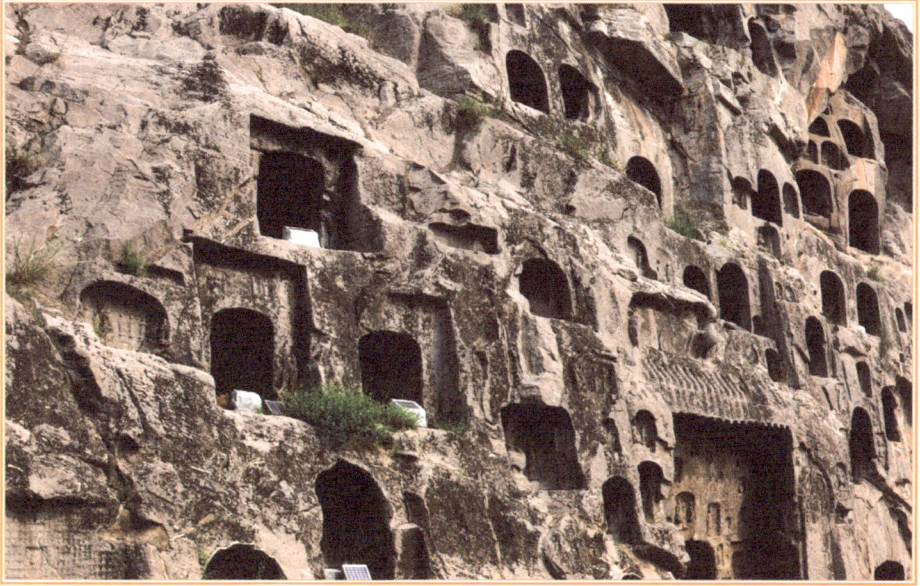

# 龙门石窟

龙门石窟是我国著名四大石刻艺术的宝库之一，位于河南省洛阳南郊的伊河两岸。

经过北魏至北宋400余年的开凿，至今仍存有窟龛2100多个，雕像11万余尊，碑刻题记3600余品，多在伊水西岸。数量之多位于我国各大石窟之首。它们反映了我国古代政治、经济、宗教、文化等许多领域的发展变化，对我国石窟艺术的创新与发展作出了重大贡献。

# 大禹劈开神奇龙门

龙门又称阙塞、伊阙，地处洛阳以南的伊河两岸。河西为龙门山，又称天竺山；河东因产香葛，故称香山。于是呈现出苍翠突兀的两座岫丘，伊河从中由南向北穿流而过，这正是宋代苏过所描绘的"峥嵘两山门，共挹一水秀"的天阙奇观。

伊河是从西南方向奔泻过来，沿河上溯，两旁远远的有熊耳山和

外方山逶迤夹峙，至伊川县西南边界处，两座山渐渐靠近，分别突起两个山峰，叫作九皋山和海峰山。隔河相视，犹如一个天然的门阙一般。传说很早以前，龙门还未凿开，伊水流到这里被龙门山挡住了，就在山南积聚了一个大湖。

居住在黄河里的鲤鱼听说龙门风光好，都想去观光。它们从孟津的黄河里出发，通过洛河，又顺伊河来到龙门水溅口的地方，但龙门山上无水路，上不去，它们只好聚在龙门的北山脚下。

"我有个主意，咱们跳过这座龙门山怎样？"一条大红鲤鱼对大家说。

"那么高，怎么跳啊？"

"跳不好会摔死的！"

伙伴们七嘴八舌拿不定主意，大红鲤鱼便自告奋勇地说："我先跳，试一试。"只见它从半里外就使出全身力量，像离弦的箭向龙门冲去，然后纵身一跃，一下子跳到半天云里，带动着空中的云和雨往前走。一团天火从身后追来，烧掉了大红鲤鱼的尾巴，它忍着疼痛，

继续朝前飞跃，终于越过龙门山，落到山南的湖水中。

山北的鲤鱼们见此情景，一个个被吓得缩在一块，不敢再去冒这个险了。

这时，忽见天上一条巨龙说："不要怕，我就是你们的伙伴大红鲤鱼，因为我跳过了龙门，就变成了龙，你们也要勇敢地跳呀！"

鲤鱼们听了这些话，受到鼓舞，开始一个个挨着跳龙门山。可是除了个别跳过去化为龙以外，大多数都过不去。凡是跳不过去，从空中摔下来的，额头上就落一个黑疤。直至今天，这个黑疤还长在黄河鲤鱼的额头上呢！

由于那时龙门东西两山是连在一起的，山的西南边，由于数山夹峙，形成了一个大大的湖泊。伊水滔滔不绝，那湖泊也不断加大，侵蚀了沿岸的良田和村庄，人们只好背井离乡，跑到四周的山上避难。

后来，大禹治水来到了这里。他采用的是疏导川河的办法。他登上高高的海峰仔细地观察了地形，就扛着大斧来到龙门山，一斧子把山劈开了一道沟槽，两山夹沟，恰如墙上开了门洞，让滚滚洪水穿门而过，流入黄河。

于是，湖水消退了，只留下中间那条长年流淌的伊河，留下了河两岸平坦肥沃的良田。为了纪念大禹，人们在当年避难的海峰上建了一座海渎庙，四时供奉禹爷，香火不断。

不知何时，佛祖领着菩萨、天王、力士诸弟子出行到龙门口，望着禹泄洪的工程那么绝妙合理，而且造成了那么宜人的景色，就喜欢得不想走了，立在那里久久地欣赏。无数起伏的河波把他们的神光四散反射开去，就在两岸的岩壁上印化下了大大小小、高低错落的影子。影子散落周边，就形成了石窟塑像，表情有的慈善，有的英武，有的凶猛，有的挤眉弄眼不那么庄重，传说这就是龙门最早的石像。

龙门西山有一个"禹王池"。方正的石砌浅池里，温泉喷涌，热气飘荡，水草摆动，细虾闲游，更矗立一嫩绿色稀奇石柱。出水处，为一石雕蛤蟆嘴，将清泉抛珠倾玉般撒下，又构成飞瀑妙影。

相传大禹劈开龙门后，这一带风调雨顺，五谷丰登，于是大禹放心地向东去治水了。不久之后，来了个蛤蟆精，蛤蟆精能一口将伊河吸干，让两岸沃田成年浇不上一口水，田地干裂，禾苗枯死。

后来，大禹巡视水情回到龙门，听百姓们诉说了灾情，十分气愤，就带着开山用的石凿来寻找蛤蟆精，为民除害。

蛤蟆精看到大禹气冲冲赶来，知道不妙，但仍然壮起胆子鼓起肚皮嚷嚷："此处风光好，就该由我保；禹王快走开，免得惹祸灾！"

大禹轻笑一声，冷眉斥骂蛤蟆精祸害百姓，死到临头还嘴硬。蛤蟆精一看恐吓不行，就张开血盆大口，"呱"的一声，吐出一股夹着腥臭味的黑风，直吹得飞沙走石，天昏地暗，狂雨骤降，伊河暴涨。

那伊河水掀起数丈高的大浪直向大禹扑来，大禹早有提防，纵身一跳，跃上山冈。蛤蟆精见大浪砸不住大禹，就把身子胀得比牛还大，双腿一弹，跳起来吞吃大禹。

好个大禹，待蛤蟆精将到面前时，一凿打去，正打在蛤蟆背上。试想，大禹整年开山挖沟，练得何等神力，直砸得蛤蟆精"呱哇"一声，断了脊梁骨，跌落在山脚。顿时，风也停了，雨也住了，水也消了。蛤蟆精挣扎几下，想爬进伊河溜走逃命。大禹哈哈一笑，朗声唱道：蛤蟆精，蛤蟆精，石凿底下吐清泉，浇灌良田添胜景。

唱罢，将石凿向山冈下投去，只听"扑"的一声，戳穿了蛤蟆精的脊背，将它钉在了山石上。从此，石凿下清泉喷涌，流淌不息，浇灌着伊河两岸的沃田。老辈人观察，不管天多阴多旱，那清泉总是脸盆粗的一股跌出蛤蟆嘴，不见多，不见少。

隋炀帝定都洛阳后，因皇宫大门正对伊阙，古代帝王又以真龙天子自居，因此而取名"龙门"，并沿用至今。

举世闻名的龙门石窟就雕琢在伊河两岸的山崖上，南北长约1000米。"龙门山色"自古即为洛阳八景之首。北魏以来，这里松柏苍翠，寺院林立，至唐代有10寺最为有名。

山脚处泉水汩汩，伊水碧波荡漾，唐代时行船往来，穿梭其中。精美的雕像与青山绿水交相辉映，形成了旖旎葱茏、钟灵毓秀的龙门山色、伊阙风光。

我国古代历史上曾有许多文人墨客、帝王将相、高僧大德徜徉于此，赋诗吟诵。

# 北魏首开龙门石窟

　　从魏孝文帝迁都洛阳到孝明帝时期的35年间，是龙门开窟雕造佛像的第一个兴盛时期。这一时期开凿的洞窟大都集中在龙门的西山上，约占龙门石窟造像的三分之一。其中最著名的有古阳洞、宾阳三洞、药方洞等10多个大中型洞窟。

　　古阳洞在龙门山的南段，开凿于493年，这一年正是北魏王朝孝文帝迁都洛阳的那一年。

　　古阳洞是龙门石窟造像群中开凿最早、佛教内容最丰富、书法艺术最高的一个洞窟。它规模宏伟、气势壮观。洞中北壁刻有楷体"古阳洞"3个

字，至清末光绪年间，道教徒将主像释迦牟尼涂改成太上老君的形象，讹传老子曾在这儿炼丹，所以古阳洞又叫老君洞。

古阳洞是由一个天然的石灰岩溶洞开凿成的。窟顶无莲花藻井，地面呈马蹄形。主像释迦牟尼，着双领下垂式袈裟，面容清瘦，眼含笑意，安详地端坐在方台上，侍立在主佛左侧的是手提宝瓶的观音菩萨，右边的是拿摩尼宝珠的大势至菩萨，他们表情文静，仪态从容。

古阳洞大小佛龛多达数百，雕造装饰十分华丽，特别是在龛的外形、龛楣和龛额的设计上，丰富多彩，变化多端。

有的龛是莲瓣似的尖拱、有的是屋形的建筑、有的是帷幔和流苏，并且在龛楣上雕琢有佛传故事。

如：古阳洞南壁释迦多宝龛上，有树下诞生、步步生莲、九龙灌顶等。讲述的是悉达多从他母亲摩耶夫人的右腋下诞生，刚出生，就走了7步，每一步脚印都生出一朵莲花，这叫步步生莲，他站在方台上，天空中有9条龙为他喷水沐浴。

古阳洞是北魏皇室贵族发愿造像最集中的地方。这些达官贵人不惜花费巨资，开凿窟龛，以求广植功德，祈福免灾。而且，所遗留下的书法珍品"龙门二十品"，古阳洞中就占有十九品，另一品在慈香窟中。

龙门二十品是指从北魏时期精选出不同的20块造像题记，它们记载着佛龛的雕琢时间、人物、目的等。

龙门二十品的特点是，字形端正大方、气势刚健质朴，结体、用笔在汉隶和唐楷之间。

清代学者康有为曾大力提倡整个社会书写要用魏碑体，而今龙门二十品仍有无穷的艺术魅力，每年吸引无数的书法爱好者，甚至从海外漂洋过海，为的是能够亲眼目睹这一书法奇珍。

古阳洞中大小列龛多达数以百计，不但佛教故事最多，龛上图案的装饰也十分精美华丽，严谨完整，丰富多彩。

宾阳三洞的宾阳中洞是北魏时期代表性的洞窟。"宾阳"意为迎接出生的太阳。宾阳三洞开凿于北魏时期，是北魏的宣武帝为他父亲孝文帝做功德而建。

它开工于500年，历时20多年，用工达80多万个，后因为发生宫廷政变以及主持人刘腾病故等原因，计划中的3窟洞窟，包括宾阳中洞、南洞、北洞等仅完成了宾阳中洞这一窟，南洞和北洞都是到初唐才完成了主要造像。

宾阳中洞内为马蹄形平面，穹

隆顶，中央雕琢重瓣大莲花构成的莲花宝盖，莲花周围是8个伎乐天和两个供养天人。它们衣带飘扬，迎风翱翔在莲花宝盖周围，姿态优美动人，洞内为三世佛题材，即过去、现在、未来三世佛。

宾阳中洞主佛为释迦牟尼，他是佛教的创始人，原名叫悉达多·乔达摩，原是古印度净饭王的儿子。他和孔子生活在同一时代，比孔子要年长12岁。他在29岁时出家修行，经过6年，悟道成佛，创立了佛教。

由于北魏时期崇尚以瘦为美，所以主佛释迦牟尼面颊清瘦，脖颈细长，体态修长。衣纹密集，雕琢手法采用的是北魏的平直刀法。

而又因为北魏孝文帝迁都洛阳后实行了一系列的汉化政策，所以洞中主佛的服饰一改云冈石窟佛像那种偏袒右肩式袈裟，而身着宽袍大袖袈裟。

释迦牟尼左右侍立两弟子、两菩萨。两菩萨含睇若笑，文雅敦厚。左右壁还各有造像一组，都是一佛、两菩萨，着褒衣博带袈裟，立于覆莲座上。

宾阳中洞中前壁南北两侧，自上而下有4层精美的浮雕。第一层是以《维摩诘经》故事为题材的浮雕，叫做"维摩变"，第二层是两则佛本生故事，第三层为帝后礼佛图，第四层为"十神王"浮雕像。

特别是位于第三层的帝后礼佛图，它们反映了宫廷的佛事活动，刻画出了佛教徒虔诚、严肃、宁静的心境，造型准确，制作精美，代表了当时风俗画的高度发展水平，具有重要的艺术价值和历史价值。

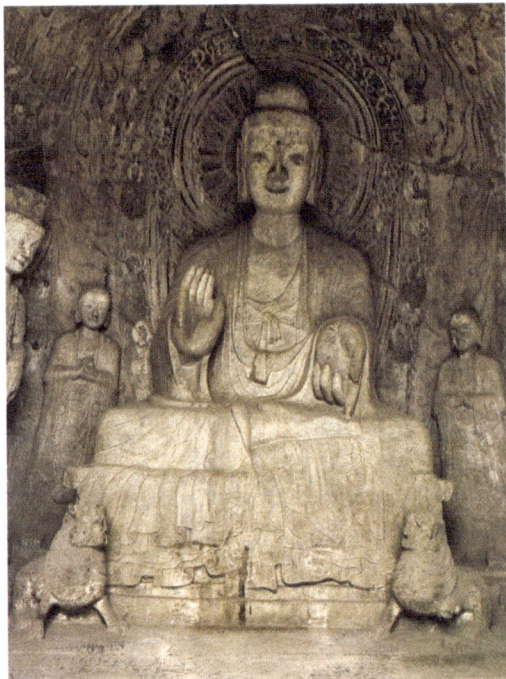

宾阳南洞的洞窟为北魏时期开凿，但洞中几尊主要的佛像都是在初唐完成的。洞中主佛为阿弥陀佛，面相饱满，双肩宽厚，体态丰腴，体现了唐朝以胖为美的风格。

宾阳南洞是唐太宗李世民的第四子魏王李泰在北魏废弃的基础上又续琢而成，为其生母长孙皇后做功德而建，属于过渡时期的作品。

在北魏晚期还开凿过一些很有特点的洞窟，如药方洞、莲花洞、火烧洞、皇甫公洞、魏字洞等。

其中比较著名的就是药方洞，药方洞因其洞窟内刻有大量古代的药方而得名。它始凿于北魏晚期，经东魏、北齐，唐初还仍有雕琢。

洞中5尊佛像，身躯硬直少曲线，脖子短粗，身体硕壮，菩萨头冠两旁的带子很长，下垂到胳膊上部。这都是北齐造像的特征。

洞门两侧刻有药方150多种，所用药物多是植物、动物和矿物药。药方涉及内科、外科、小儿科、五官科等，所涉及药材在民间都能找

到，很大程度上方便了老百姓。

这些药方不仅可以治疗常见的疾病，而且还能治疗疑难杂症，如：疗噎方可以治疗食道癌，再如治疗消渴，也就是糖尿病，这些药方比唐代医学家孙思邈的《备急千金要方》还要早。

其中有95副药方在10世纪被一位日本学者收录在《医心方》中，足见它的价值和影响。药方洞的药方是我国现存最早的石刻药方，对研究我国医药学起到重要的作用。

莲花洞因窟顶雕有一朵高浮雕的大莲花而得名，大约开凿于北魏年间。莲花是佛教象征的名物，意为出污泥而不染。因此，佛教石窟窟顶多以莲花作为装饰，但像莲花洞窟顶这样硕大精美的高浮雕大莲花，在龙门石窟也不多见。莲花周围的飞天体态轻盈，细腰长裙，姿态自如。

洞内正壁造一佛两弟子两菩萨，主像为释迦牟尼立像，着褒衣博带式袈裟，衣褶简洁明快。这是释迦牟尼的游说像，即释迦牟尼外出讲经说法时的形象。

两弟子是浅浮雕，左侧弟子迦叶深目高鼻，胸部筋骨突兀，手持锡杖，似一西域苦行僧。

　　龙门石窟中最小的佛像，仅有0.02米高，这些高不盈寸的小千佛位于莲花洞南壁上方，生动细致，栩栩如生。

　　龙门石窟中的佛像都是信徒们所奉献的，每尊佛像上都记载着敬奉者的祈愿经过。从这些造像铭中可以看出，古阳洞是北魏皇室贵族发愿造像最集中的地方，多数造像的兴废变迁与当时的政治形式相适应，是为一定阶级的政治服务的。

　　龙门石窟反映了北魏时期我国历史上一些政变和战乱，也说明了洛阳兴衰的历史，从宗教这个社会的生活的侧面，能使我们了解那个时代一些重大的政治风云的动向。

　　古阳洞和宾阳洞，都是奉皇帝之意旨开凿的。古阳洞是支持孝文帝迁都洛阳和汉化改革的一批王宫贵族和高级官吏开凿的。

　　其中有孝文帝的堂兄弟比丘慧成、孝文帝的兄弟北海王元详及其母高氏、齐郡王元佑、安定王元燮、广川王贺兰汗妃侯氏、司空公长乐王丘穆陵亮夫人尉迟氏、元洪略、辅国将军杨大眼等造的像，另外还有众多的中小型佛龛为北魏的中下层官吏所雕造。

　　宾阳中洞和南洞是宣武帝倾尽宫廷财力给其父母孝文帝和文昭皇太后做"功德"而营造的一个伟大艰巨的工程。

　　宾阳北洞是刘腾为宣武帝开

凿的，以上工程原为中尹、宦官刘腾等主持，宣武帝死后，他与领军元叉发动宫廷政变，执掌国权，幽禁代孝明帝执政的胡太后。

后因胡太后再次返政，致使宾阳南北两洞的工程半途而废。石窟寺是太尉公司空公皇甫度所开凿的。

这些充分说明北魏贵族社会迷信佛教的社会风气。北魏末期龙门造像呈现衰落，唐字洞和赵客师洞以及莲花洞两壁上部都有未完成的工程痕迹，这可能与北魏末年尔朱荣之乱，社会动荡有关。

北魏诏改元姓后，宗室遂废拓跋旧姓而姓元，古阳洞题记所载与史书吻合。北魏王朝在洛阳龙门开窟造像活动的终结是以宾阳中洞的停工为标志的。随着北魏王朝的灭亡，龙门石窟的开凿趋于衰落，沉寂了将近一个世纪，直至唐王朝建立。

**知识点滴**

龙门石窟自北魏开凿以来，已经历了1500多年的沧桑，它见证了我国历朝历代的演变，见证了我国佛教文化的发展。

龙门石窟断断续续开凿了400多年，经过了400多年的苦心营造，不同时期的能工巧匠在龙门石窟创造出不朽的艺术作品，被世界称为我国石刻艺术博物馆。

1961年龙门石窟成为全国第一批重点文物保护单位。1982年龙门风景名胜区被公布为全国第一批国家级风景名胜区。

# 唐代再创龙门石窟盛况

　　唐代从开国至盛唐的100余年间，龙门石窟迎来了历史上开窟造像的第二次兴盛时期。

　　这一时期开凿的石窟按时代的先后自南而北，集中在龙门的西山。直到武则天时期，一部分才被转移到了东山，约占龙门石窟造像的三分之二。龙门唐代石窟最有代表性的有潜溪寺、万佛洞、奉先寺大像龛等。

　　唐代开凿的第一个洞窟是位于龙门西山北端的潜溪寺，这时正是我国佛教"净土宗"建立的时期。

唐代开窟造像在唐高宗和武则天时期达到了鼎盛。虽然石窟造像属于佛教艺术，但它跟政治紧密相连。从龙门许多唐代石刻造像中，还可以窥见武则天一步步走上女皇宝座的踪迹。

万佛洞完工于680年11月，是专为唐高宗、武则天及太子诸王做"功德"而开凿的功德窟，也是以唐朝宫廷大监姚神表和内道场智运禅师等为首的一批御用僧尼，奉命集体为唐高宗及武则天发愿雕造的。 万佛洞因洞内南北两侧雕有整齐排列的15000尊小佛而得名。洞窟呈前后室结构，前室造两力士、两狮子，后室造一佛两弟子两菩萨两天王，是龙门石窟造像组合最完整的洞窟。万佛洞窟顶有一朵精美的莲花，环绕莲花周围的为一则碑刻题记：

大唐永隆元年十一月三十日成，大监姚神表，内道场运禅师，一万五千尊像一龛。

说明了该洞窟是在宫中二品女官姚神表和内道场智运禅师的主持下开凿的，并完工于680年。

万佛洞洞内主佛为阿弥陀佛，端坐于双层莲花座上，面相丰满圆润，两肩宽厚，简洁流畅的衣纹运用了唐代浑圆刀的雕琢手法，主佛施"无畏印"，表示在天地之间无所畏惧，唯我独尊。

主佛端坐在莲花宝座上，在束腰部位雕琢了4位金刚力士，那奋力向上的雄姿与主佛的沉稳形成了鲜明的对比，也衬托出主佛的安详。

万佛洞主佛背后还有52朵莲花，每朵莲花上都端坐有一位供养菩萨，她们或坐或侧，或手持莲花，或窃窃私语，神情各异，像是不同少女的群体像。52代表着菩萨从开始修行到最后成佛的阶位，即十信、十住、十行、十回向、十地、等觉、妙觉。

在万佛洞洞内的15000尊小佛像，每尊只有0.04米高。在南北两壁的壁基上各刻有6位伎乐人，舞伎在悠扬的乐曲声中翩翩起舞，体态轻盈，婀娜多姿。

整个洞窟金碧辉煌，向人们展现了西方极乐世界的理想国土，烘托出一种热烈欢快的气氛。

万佛洞洞口南侧还有一尊菩萨像，她是龙门石窟唐代众多菩萨像的精美范例。菩萨头部向右倾斜，身体成"S"形的曲线，整个姿态显得非常优美端庄。

敬善寺是太宗纪国妃韦氏所开，极南洞是唐宰相姚元之为亡母刘氏开凿，高平郡王洞是高平郡王武重规开凿的，后因武则天被推翻，武重规遭贬而终止。

在武则天当皇后期间，特

别迷信弥勒。为此，她在龙门广造弥勒佛，千佛洞、惠暕洞、大万五佛洞、极南洞和摩崖三佛都是以弥勒佛为主尊的洞窟。

奉先寺是龙门石窟规模最大、艺术最为精湛的一组摩崖型群雕。主佛莲座北侧的题记称之为"大卢舍那像龛"，因为它隶属当时的皇家寺院奉先寺而俗称"奉先寺"。

奉先寺的9尊大像的背后有很多长方形的小龛，这是大约在宋、金时代，人们为了保护大像龛，依龛修建了木结构屋檐式建筑，这些建筑影响了佛像的通风，加速了佛像的风化，因而后来被拆除。

奉先寺大型艺术群雕以其宏大的规模、精湛的雕琢高踞于我国石刻艺术的巅峰，成为我国石刻艺术的典范之作，也成为唐朝这一伟大时代的象征。

龙门石窟成千上万的造像中，体形最大，形态最美，艺术价值最高的要数奉先寺主尊卢舍那大佛了。奉先寺位于龙门西山南部的山腰上，是一个南北宽近40米的露天大龛，这里共有9尊大型雕像，都是依山凿石而成。

位于中间的卢舍那大佛通高17米多，仅耳朵就有1.9米，在佛经中，卢舍那是佛在显示美德时的一种理想化身。

奉先寺大卢舍那像龛是唐高宗及武则天亲自经营的皇家开龛造像

工程，工程设计和施工是由高宗亲自任命制定。为此，武则天捐出"脂粉钱二万贯"，而当地更是传说卢舍那大佛就是武则天的化身。

卢舍那佛被赋予了女性的形象，面容丰腴饱满，头顶为波状形的发纹。双眉弯如新月，附着一双秀目，眼睑下垂，双目俯视，微微凝视着前方。高直的鼻梁，嘴巴微翘而又含笑不露，她庄重而文雅、睿智明朗，露出祥和的笑意。

大佛双耳长而且略向下垂，下颏圆而略向前突。圆融和谐，安详自在，身着通肩式袈裟，衣纹简朴无华，一圈圈同心圆式的衣纹，把头像烘托得鲜明而圣洁。

饱经沧桑、老成持重的大弟子迦叶，温顺聪慧的小弟子阿难，表情矜持、雍容华贵的菩萨，英武雄健的天王，咄咄逼人的力士与主佛卢舍那一起构成了一组极富情态质感的美术群体形象。

传说，668年除夕，时值奉先寺竣工之日，武则天还亲自率领文武朝臣驾临龙门，参加了主佛卢舍那的开光仪式。

卢舍那译意为"光明普照"，武则天后来造字给自己取名"曌"，意为："日明当空"。这相同的含义不会是巧合。

武后称帝前夕，授意翻译注解并大力推广了佛教《大云经》，明明白白暗示出武则天就是弥勒菩萨转世，要成为女王，天下之人都将

崇拜归顺。这实质上是继卢舍那之后，又在官民心中依武则天为模特塑造的另一尊大佛像。

龙门的东山石窟中，比较典型的有擂鼓台中洞、擂鼓台北洞、看经寺、四雁洞、二莲花洞等。

传说当年奉先寺竣工时，武则天亲自率百官驾临龙门，主持这次规模盛大的开光仪式，庞大的乐队便在东山脚下的平台上擂鼓助兴，于是后人便把这里叫作擂鼓台。相邻擂鼓台的3个洞叫擂鼓台三洞。

擂鼓台中洞又名大万伍佛洞，是一座武周禅宗窟，洞顶做穹隆形，并有装饰华丽的莲花藻井，造像是一佛两菩萨，主佛为双膝下垂而坐的弥勒佛，壁基有25尊高浮雕罗汉群像，从南壁西起到北壁西止。

罗汉群像构成一个半环形装饰带，罗汉群像的罗汉身旁都刻有一段从《付法藏因缘传》里摘录的经文介绍该罗汉的身世及特点。所刊经文中多杂以武周新字，这是武周时期禅宗所经营的洞窟。

擂鼓台北洞是龙门石窟中开凿较早，规模最大的密宗造像石窟，还有密宗领袖和他们的宗教活动，都和洛阳及龙门石窟有着十分密切的关系。

擂鼓台北洞为穹隆顶，马蹄形平面，窟顶为莲花藻井，周围环绕四身飞天。其因风化剥蚀已不清。据说，北洞的主像，中洞的3尊佛像以及南洞的一尊佛像，都是20世纪初期从别处搬移进去的。

洞内3尊大坐佛中，东壁的主佛为毗卢遮那佛，意为太阳，即除暗遍明之意，因此又称"大日如来"，它是头带宝冠，胳膊上带着臂钏的菩萨装形象，像高2.45米，结跏趺坐于0.9米高的须弥台座之上。

在北洞的前壁南侧，雕有八臂观音一尊，像高1.83米，赤足坐于圆形台座上，在前壁的北侧还雕有四臂十一面观音，像高1.9米，赤脚立在圆形台座上。

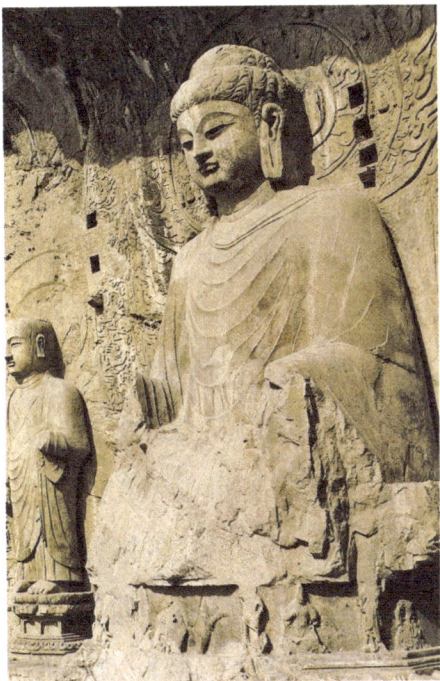

看经寺也为武则天时期所雕琢，双室结构，前室崖壁有数十个小龛造像，主室进深11.7米，宽11.2米，高8.3米，平顶，方形平面，四壁垂直。三壁下部雕琢出高均1.8米的传法罗汉，其中正壁11身，两壁9尊，为我国唐代最精美的罗汉群像，是据隋代费长房《历代法宝记》刊刻的。

这种不雕佛像仅雕罗汉的大窟，似是一大型禅堂，可能是禅宗主持开凿的。看经寺是龙门东山最大的一个洞窟，29尊罗汉保存完好。

四雁洞是一个盛唐时期的中型洞窟。该洞窟的窟顶是一个莲花藻井，它四周有4个飞天的"四飞雁"环绕，奇特的是这4只飞雁的腿都十分细长，和鹤腿相似，故名四雁洞。佛经中曾以500只雁来双喻五百罗汉的故事，这里雕琢四雁可能是用寓意的手法，以雁来比喻罗汉，这在龙门石窟中也仅此一处。

二莲花洞在四雁洞南面，是一组双窟，模式相同，所以称为二莲花洞，约凿于武周至唐玄宗时期。两洞的造像雕饰与布局都是一样的，窟内顶部的藻井都覆莲图案，中间为阿弥陀佛，手施降魔印。

洞窟的规模介于大、中型洞窟之间。从雕像的手法看较为成熟，也颇具唐风，有一定的艺术价值。

龙门石窟在唐代的造像与北魏比较有了很大的变化。在唐代的造像题材中弥勒佛的造像数量仅次于阿弥陀佛，释迦却显著减少，菩萨中以大势至、观世音为最多。

在艺术上，唐代的圆刀代替了北魏平直的刀法，佛像衣纹更加流动飘逸，力士夜叉浑身肌肉突起，既符合解剖的原理，又适当加以夸张，充满雄强的气势和向外迸发的力量。他们在借鉴外来雕琢的同时，还吸取了中原地区传统艺术的手法。

**知识点滴**

武则天临朝执政时期，龙门开窟造像之多居历代之首，这显然与她长期居住洛阳崇奉、利用佛教有关。

武则天与佛教结缘绵长，她利用佛教神权为自己开拓了一条通向皇权的道路，这个历史过程在龙门是有迹可寻的。

显庆以后，高宗多病，武则天内辅国政，权势与高宗相等，当时称为"二圣"，即皇帝、皇后并列。宾阳北洞将作监承牛懿德奉为"皇帝、皇后敬造阿弥陀佛一龛"，就是历史的见证。

690年9月9日，武则天正式登基，成为"圣神皇帝"，改唐为周，建立大周政权，改元天授。龙门东山擂鼓台有三则造像记反映了这一政治历史事件。

# 云冈石窟

　　云冈石窟原名武州山石窟或武州塞石窟，又有灵严寺之称，位于大同市武州山南麓，因日益激烈的佛道之争衍生而来，取大佛与"天地同久"之意，自落成之日起便一直都是佛教圣地，千百年来经久不衰。

　　大同地处晋、冀、蒙交界，介于内外长城之间，自古以来便属于兵家必争之地。云冈石窟建于大同，它从开凿之日起便与这座城市的命运紧紧相连，云冈石窟因有大同而灿烂，大同也因为有云冈石窟而更加辉煌。

# 北魏的灭佛和复佛运动

大同位于山西省最北端，地处黄土高原东北边缘。北以外长城为界，与内蒙古自治区丰镇、凉城县毗邻，西、南与本省朔州市、忻州地区相连，东与河北省阳原、涞源、蔚县相接。

大同境内地貌类型复杂多样，山地、丘陵、盆地、平川兼备。土石山区、丘陵区占总面积的近80%。西北部山脉属阴山山脉和吕梁山脉，主要有双山、二郎山、云门山、采凉山等。东南部山脉属太行山脉，主要有恒山、太白山等。

桑干河自西南向东北横贯全市，形成了周围高、中间低、两山夹一川的槽型盆地。除桑干河外，境内主要河流还有属海河水系的御河、南洋河、壶流河、唐河和属黄河水系的苍头河。

我国早期的鲜卑族拓跋部，原来居住于黑龙江、嫩江流域大兴安岭附近，过着游牧生活。

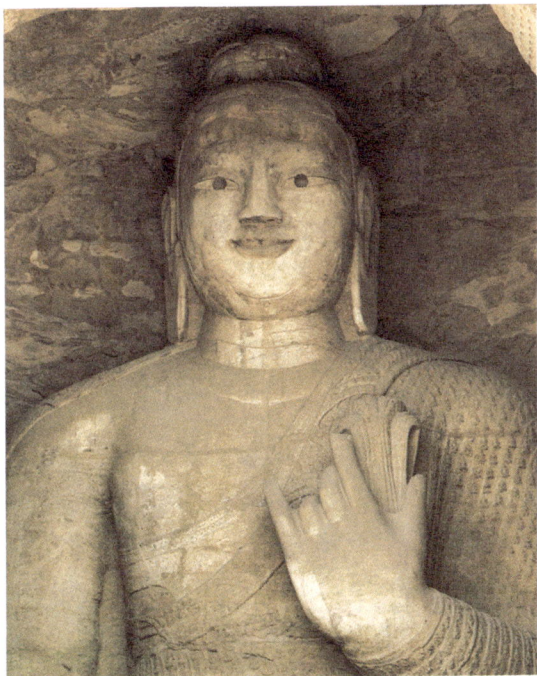

东汉以前，北匈奴被打败西迁以后，拓跋部在酋长拓跋诘芬的率领下，也逐步向西迁移，进入原来北匈奴驻地，即漠北地区。

拓跋部酋长拓跋力微时期，拓跋部又南下游牧于云中（即今内蒙古托克托）一带，后又迁居到盛乐（即今内蒙古自治区和林格尔)与曹魏、西晋发生往来。但这时，拓跋部仍处于氏族部落联盟阶段。

338年，拓跋部首领什翼犍建立代政权，都于盛乐，即今内蒙古和林格尔，逐渐强大起来。

淝水之战后，前秦统治瓦解。

386年，鲜卑拓跋珪恢复代政权，后改国号为魏，史称北魏或者后魏，即三国魏国之后的魏，又称拓跋魏，即拓跋氏所建的魏。孝文帝迁都洛阳并改姓为"元"后，也称元魏。

398年，北魏迁都平城，就是后来的山西大同，拓跋珪称皇帝，即

北魏道武帝。拓跋珪击败后燕进入中原后，鼓励农业生产，其奴隶主贵族也逐渐汉化转变为封建地主。

拓跋珪招纳汉族大地主参加统治集团，加快了鲜卑拓跋部的汉化进程。

拓跋珪死后，其子明元帝拓跋嗣、孙太武帝拓跋焘承其前业，任用汉族大地主担任官职，形成了拓跋贵族与汉族世家豪族的联合封建政权，国势大盛。

拓跋嗣死后，16岁的拓跋焘即位，以少胜多，顶住了当时北方大漠政权柔然的疯狂入侵，并开始主动反击柔然，先后13次出兵柔然，征服漠北。

柔然臣服北魏，为北魏日后统一北方迈出了重要的一步。另外，在对柔然的作战中，俘获的牛、羊、骆驼等牲畜也为北魏缓解了后来的饥荒。

427年，北魏用30000名骑兵攻破了坚不可摧的统万城，从此北魏统一北方的形势已经不可逆转，随后于431年灭夏，平山胡，西逐吐谷浑，又于436年灭北燕，439年灭北凉，使北方长期的分裂割据局面复归于统一，南北朝对峙局面正式形成。

北魏为了统一北方，巩固在中原的统治地位，以全民为兵。那时，由于沙门历来可以免除租税、徭役，所以锐志武功的太武帝就在438年下诏，凡是50岁以下的沙门一律还俗服兵役。

太武帝还听信宰相崔浩的劝谏，改信寇谦之的天师道，排斥佛教，并渐次发展为灭佛的行动。

崔浩出身于著名世族，博览经史，善于阴阳五行及术数之学，历仕道武帝、明元帝、太武帝三帝，官至司徒，经常参与军政机要，深受太武帝的信任。结识寇谦之后，信奉道教，受其法术。

寇谦之早年就热衷仙道，修持汉末张道陵、张衡、张鲁创立传承的五斗米道，随方士入华山、嵩山学道修炼，自诩曾有太上老君授他天师之位及《云中音诵新科之诫》。

438年，寇谦之从嵩山入平城，结交崔浩，常通宵达旦听崔浩谈论古代治乱史，为之惊叹不已。后来，寇谦之把儒家学说和佛教经律论及斋戒祭祀仪式吸收到道教中来，重新改造五斗米道，希望能让北魏

帝王容易接纳。

寇谦之献上道书，但当时朝野信奉者很少，崔浩于是上书劝谏太武帝，使太武帝因而信奉道教，并派人奉玉帛牲畜去祭嵩山。

太武帝又在平城东南建立天师道场，他自称太平真君，并亲受符箓，兴建静轮天宫，奉祀太平真君，甚至改年号为太平真君，成了十足的道教徒。太武帝的废佛行动，始自444年的弹压沙门，他下令上自王公，下至庶人，一概禁止私养僧人，并限期交出私匿的僧人，若有隐瞒，诛灭全门。

445年，卢水的胡人盖吴在杏城（即今陕西省黄陵）起义，有众10余万人。447年，太武帝亲自率兵前去镇压，到达长安时，在一所寺院发现兵器，怀疑和尚与盖吴通谋，大为震怒，下令诛杀全寺僧众。

崔浩趁机劝帝灭佛，于是太武帝进一步推行苛虐的废佛政策，诛戮长安的僧人，焚毁天下一切经像。一时间，举国上下，风声鹤唳。

当时太子拓跋晃监国秉政，他一向笃信佛法，再三上表，向太武帝劝阻，虽然都不被采纳，但也由于如此，废佛的诏书得以缓宣，从而使远近的僧人闻讯逃匿获免，佛像、经论也多得密藏，然而魏国境内的寺院塔庙却无一幸免于难，史称太武法难。

太武帝废佛后不久，寇谦之病死，崔浩后来也因撰《魏史》，因书中蔑视胡族而遭腰斩，他的族人被诛者多达百余人。

谁知太武帝晚年得了一场重病，信仰佛教的大臣们纷纷上奏说这是灭佛的报应，请求复兴佛教。

太武帝的病经过御医的治疗也不见好转，他也觉得这是佛祖的惩罚，所以他在临终前嘱咐孙子拓跋濬："佛教复生，供奉高僧。以后下诏天下，全面复兴佛教，录用高僧。"

7年之后，拓跋濬即位为第四代皇帝，即文成帝。他一反太武之所为，即位以后不久就昭告天下，立即"复法"，行动又很迅猛，一时"天下成风，朝不及夕。往时所毁图寺，仍还修矣"。

文成帝的复佛，给佛教又一次兴盛的机会。他们针对灭佛时寺庙、佛像被毁的教训，要创出一番"与天地而同久"的佛教永业，于是凿山为窟的永世基业产生了。

云冈石窟就是在这样的情况下，由当时著名的昙曜和尚奉文成帝之命，役使了数以万计的劳动人民和雕琢家动工开凿的。

云冈石窟之所以能超越河西、西域早期那种小型坐禅窟的格局，创建出如此大型的、辉煌的、气势磅礴的大供佛窟，既有石室遗风，又有万世长存之意。

至于云冈石窟中那种大气派、大窟、大佛，以及粗犷、豪放、顶天立地、不可一世等风格，正是鲜卑人豪气万丈、扩地千里的气势表现。

知识点滴

# 昙曜奉命开凿第一期窟洞

云冈峪自古是通往内蒙古阴山腹地的古道，秦汉时代的武州塞，大约就在云冈石窟西侧或南面附近，可惜早已消失在残石碎瓦之中。

武州山，北魏早期被奉为神山。后来，逐渐成为北魏皇帝祈雨、开窟、礼佛的"鹿苑"胜地。

云冈石窟开凿距今已有1500多年的历史。前后用了约30年的时间，才基本上完成了这个浩大的艺术工程。

云冈石窟，北魏称武州山石窟寺或灵岩寺。关于石窟的开凿，《魏书·释老志》记述得很简略：

　　昙曜白帝，于京城西武州塞，凿山石壁，开窟五所，镌建佛像各一。高者70尺，次60尺，雕饰奇伟，冠于一世。

文献中所说的五所佛窟，即云冈第十六窟至二十窟，称之为"昙曜五窟"。

相传，昙曜是鲜卑有名的高僧，很有学问，太武帝发动灭佛运动时，下令拆除寺庙，杀和尚，驱尼姑，昙曜法师闻风而逃，隐居深山，不与世人来往。

文成帝"复佛运动"后不久，隐居在深山的昙曜法师知道了这件事情，带领众徒弟下山，跋山涉水，来到平城。到了平城，他几次想要求见文成帝都没有实现。因为文成帝不知道他的底细，需要派人查访。

昙曜法师为了见文成帝，终于想出来一个好办法。他带领徒弟们每天在宫门前修行养道，讲经说法，因为皇帝有诏书，宫廷守卫谁也不敢驱逐和尚。

有一天，文成帝率领文武大臣到郊外打猎，当队伍走到宫门口的时候，昙曜法师拦住文成帝的马头便拜。

这是一件非常无礼的事情，文成帝为此十分恼火，可是看昙曜法师是个和尚，而且气度不凡，便让士兵上前询问拦路下拜是何道理。

昙曜法师便乘此机会把自己愿意到文成帝手下为僧，立志为文成帝全面复兴佛教出力的想法说了一遍。

文成帝看见他谈吐不凡，甚有远见，因此有心留用，可是一时之间又不清楚他的底细，不由得琢磨不定。

昙曜法师看见文成帝低头不语，以为他不愿收留，准备离去。

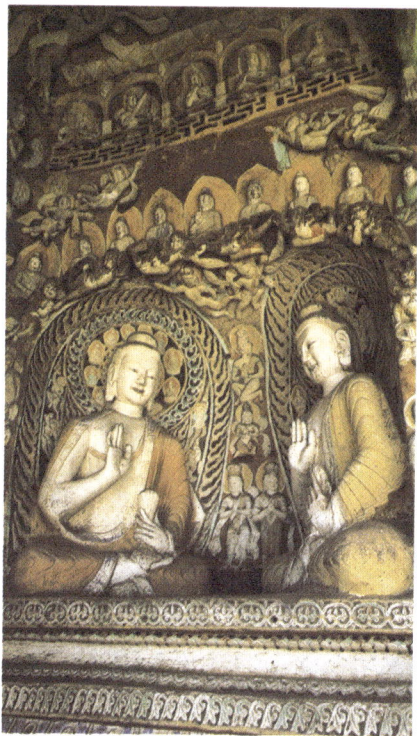

正巧这个时候文成帝的马咬住了昙曜法师的袈裟，这一幕被文成帝看见了。文成帝以为这是天意，是吉兆，赶紧下马亲自挽留，命昙曜法师承担刊印经书、重修寺庙、录用僧人的重任。

昙曜法师得到皇帝的信任以后，为了展现他的才华，奏请文成帝在云冈开凿洞窟，雕琢佛像，以壮佛威。

文成帝准奏，给了昙曜法师数万名能工巧匠和无数钱财，于是规模浩大的工程开工了。昙曜法师亲自指挥，设计图纸，在僧人们心中的威望很高。

昙曜法师为了扩大佛教的影响，并赢得皇帝的欢心，因此仿照北魏王朝5个皇帝的形象雕琢了5窟洞窟的主佛。施工中，他逐个查看佛像的艺术造型，经常席地而坐，教徒雕琢，要求工匠一斧不多凿，一斧不少凿，斧斧见功夫。

不仅如此，昙曜法师还到处游说，募集钱财。

经过几十年的努力，由昙曜和尚主持开凿的云冈第一期5窟洞窟终于成功了，但是昙曜法师却因为操劳过度而合上了双眼。

为了纪念昙曜法师，人们就把这5个窟叫作"昙曜五窟"，编为云冈第16窟至第20窟，也是云冈石窟最引人注目的部分之一。

这昙曜五窟规模宏大，气魄雄伟，形制上共同特点是外壁满雕千佛，大体上都模拟椭圆形的草庐形式，无后室。造像主要是三世佛，主佛形体高大，占窟内主要位置。

第16窟为昙曜五窟最东端的一窟，按位置及造像应为昙曜五窟之第一窟。窟平面为椭圆形，顶为穹窿形，窟内主像为莲花座上的大立像，高13.5米。

第16窟造像发式为肉髻和波状发纹，这是云冈石窟中特有的发式。迎面一尊立像，招你仰望。

此像高大雄伟、造型英俊、神情威严、身着厚重的毡披，胸前佩结带，大裙齐胸，右手上举胸前，左手下垂，拇指与中指相捏，呈说法手印。从造像上可看出一种游牧民族风格，且有一派英武气概。

第17窟窟形平面属椭圆形，穹隆顶。主像为云冈最大的交脚坐像，高15米。

走进这低于地平面约1米的第17窟时，仰面向上，这尊主像魁奇伟岸，有唯我独尊的气势。头上戴花冠，胸前配兽饰，臂着珠钏，腿做箕踞，右手仰掌，左手屈胸，人们称之为"交脚弥勒菩萨"。

第17窟东西两壁各有一大佛像，东为坐像，西为立像，也非常魁梧，但风格与主像不同。由于有这3尊像，也有称之为"三世佛"，主尊定为未来世之弥勒。

第17窟明窗东侧有"太和十三年"题记，为明确洞窟开凿的时间提供了可靠的记录依据。以此对应第17窟的造像，佛像加冠，意在开创大业已成功，予以表彰加冕。兼可弥补其"冠履不暇"的奔波劳碌，半蹲式的交脚坐形，可为对其"栖逞外土"不得安居寄托的纪念，同时又似在告诉人们，江山初建，无暇安坐，遇有军情可随机起身征战之感。

第18窟形也是椭圆形平面，穹隆顶。洞窟东西最宽处约18.7米，南北最长处约7.7米，是一个非常高大、宽敞的洞窟。

第18窟主尊佛像是一大立像，高15.5米，造型奇特而优美。佛像昂首挺立，身躯雄壮，气势宏伟。紧贴在本尊立佛两侧的是两尊服侍菩萨，头戴莲花纹三珠冠，中刻小坐佛，冠下束发垂肩，眉眼细长清秀，鼻翼俏媚，薄唇含笑，面相较美。

在菩萨立像的外侧，东西两壁各雕一个服侍佛。服侍立佛头顶上方均罩华盖，赤脚踩踏莲座。东西两边的服侍佛和本尊像左右的紧身服侍菩萨与中央主佛相互映衬，既有主题和义理上的昭示，又有造像层次上的过渡，显得和谐、庄严和隆重。

在本尊佛像的双肩两侧，服侍菩萨头顶上方，左右各雕有5尊弟子像，合为释迦牟尼的十大弟子。整个洞窟的布局造型显得主题突出、雕琢精美。从整体看，这一窟是昙曜五窟中最豪华、最讲究的一窟。

第18窟主尊大像威严、肃然，具有自信、抱负和傲慢的表情。但右手下垂，左手抚胸，又显出一种谦逊的矛盾合一的神态。

特别是那身稀有的"千佛袈裟",引起人们的极大关注和思考：那袈裟上附着的无数禅坐小佛，是对主佛的捧奉还是对主佛的压抑？

据调查，在国内外的泥塑、彩绘、木刻、玉雕、铜铸、石凿的各类佛像中，尚未发现有如此规模的千佛，真可谓是云冈之一景。

但可以从该像的傲慢与谦逊的矛盾神态中，以及探讨太武帝持傲灭佛及晚年忏悔的矛盾中探寻其象征太武之处。

该像十分奇特，佛相和人形都比较鲜明，有佛感也有人感。在神态上，威严与震慑的神情十分强烈，但抚胸与反悔的表情也相当明显，是一躯交织着矛盾感的造像。

尤其那身"千佛袈裟"，与大佛像形成鲜明而不协调的对比，这在国内外各种造像中是极为罕见的。以此对那位既有显赫武功又有灭佛过失的太武皇帝是较为恰当的。

了解了当时的时代背景，那就不难看出这"千佛袈裟"披在此尊佛像身上的用意。这是运用"往生"的观念进行的独出心裁的设计。

它的意思可能是太武帝当初杀戮佛门弟子，弟子殉道而往生极乐

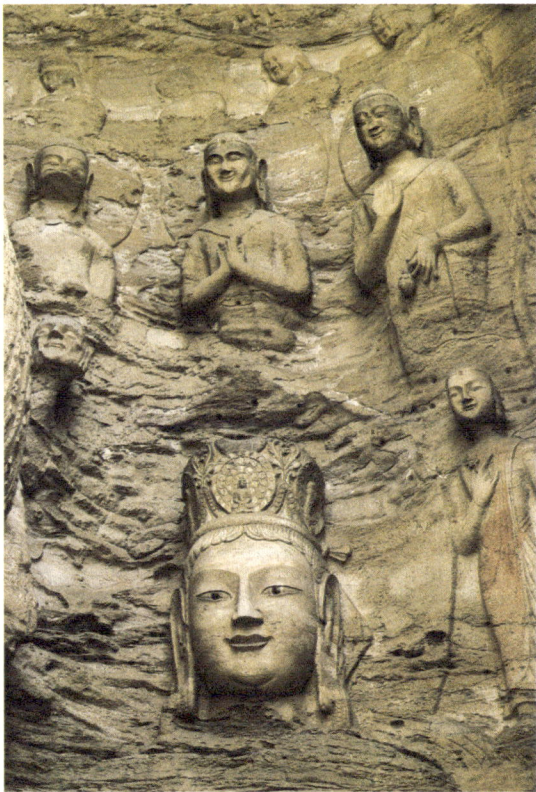

净土，把千百蒙难而成正果的形象，附在太武帝的衣衫上以资永念，兼示惩罚。而那些小佛像的大小不一，则是为区别遇难者的功德、身份之高低。

从佛像造型来看，左手抚胸，似在扪心自问，表示对灭佛的自省，右手下垂，似如所言"下化众生心"的四弘誓愿形象。去挽救受难众生，使之"随化佛后，生宝池中"。

第18窟正壁上方的雕琢有诸罗汉浮雕造像，诸罗汉像不少已风化残缺，就现存的几尊看，这是释迦牟尼的十大弟子。

这十位弟子为：智慧第一的舍利弗、神通第一的目犍连、头陀第一的摩诃迦叶、多闻第一的阿难、天眼第一的阿那律、解空第一的须菩提、说法第一的富楼那、议论第一的迦旃延、持律第一的优婆离、密行第一的罗睺罗。

这些弟子群像头部均为圆雕，体躯为高浮雕，而下身则完全消失在窟壁之中，弟子像的造型大都倾斜30度左右，10个造像如同斜于洞窟壁面。

这样的造型和雕琢，在佛教石窟艺术中是极为罕见的。尤其是这十大弟子造型生动活泼，个性突出，神情各异。这些生动的造像完全不同于佛教艺术中其他诸佛、菩萨等模式化，而是非常富有个性，并有一种异域情调。从这几尊造像也可标榜太武帝当年征伐之武功。

除此之外，第18窟的四周还有许多大小不同、样式各异的佛龛，而且室中造像主要是释迦、多宝对坐像和交脚弥勒佛像，这便可知，这些佛龛与主尊像并非同时完成。

佛龛是后来补刻的，这种补刻一直延续至孝文帝时期，时间相跨有近40年。除了佛室以外，大部分洞窟中间又刻以千佛像，窟顶和洞窟外壁均如此。

第19窟的窟形是在椭圆平面之外又扩出两个侧耳洞，而耳洞的地平线又高出主窟约3米，窟内设8米高的坐像。

它的主佛像是昙曜五窟中的第一大像，这个像高达16.8米，为结跏趺坐像。它气势凝重，端庄严肃，是五大像中用心、用力、用神最大的一个。

对于第十九窟的格局，普遍认为是"三世佛"的布置，以主窟大像为释迦牟尼佛，而两耳洞的两佛一则为过去佛，一则为未来世的弥勒佛。

第19窟主佛像显示着成道者的庄严法相和圆满的福德形状。右手舒展，五指当胸，左手置膝上，微握如拳状，掌中置绢索状物。

文成帝是昙曜造像时的当朝皇帝，同时是个贤德的皇帝，他即位后第一件事就是复佛，对昙曜又有知遇之恩，他自然成为了昙曜等佛徒要重彩浓笔描绘的对象。

这尊主佛，昙曜寄托了心中最敬重的深情，使这尊佛像端庄稳静、面容慈祥，同时作为鲜卑人的形象也有其典型性，那就是：细眉长目，直鼻

方口，两耳垂肩，面颊丰润。

《大智度论·七》记载："诸坐法中，结跏趺坐最安稳不疲极。"

《嘉样法华义疏》还有记载："做此坐者身端心正也。"

昙曜心目中的文成帝是最为身端心正的，所以为他设了这种最安稳的四平八稳的结跏趺坐，以示至高形象。

这尊佛像还有一个独特之处，那便是左手所持"哈达"状的物品，这物品是献给佛的奉加物，是崇佛的一种表示。此处可看作是昙曜对文成帝的一片心意。这在昙曜五窟中也是仅此一例。

第二十窟的露天大佛，被誉为云冈的代表作。主像是高13.7米的结跏趺坐像。因洞窟崩塌而使大佛露天，所以被人们称为露天大佛。

露天大佛造像富丽堂皇，面容丰满端庄，但如果从不同的视角去观赏体味，会从佛的脸上看到慈悲、庄严、欢喜、思维、入定、普救、应化、持世、震慑等"三十二相"。

细心的人能发现该佛有两撇弯曲上翘的八字胡。站在他面前，会感到一种难以言说的美。他那种自在、自信、自尊的精神品性，使你感到心灵的明净。

可能是由于某次地震灾害，窟前半壁山崖崩塌，致使坐佛暴露在外，巍然独存。据推测，他是依照北魏开国皇帝道武帝的形象雕琢的，似一位阅尽沧桑、雄才大略的长者，在阳光下俯视人间。

正因成了露天雕像，所以虽是坐姿，却仍显得高大。并且由于可以远视，更增加了他的庄严肃穆之感。

大佛全身比例适称，造型手法简练概括，他宽阔的身躯给人以稳健之感，他所具有的佛的"三十二相、八十种随形好"的精神风貌，为这一时期佛像雕琢的杰出代表。

露天大佛微微前倾的身躯和棱角分明的嘴角，仿佛在向众生宣讲着佛教的真话，他那细细的弯眉和微启的双目，使人感到慈悲为怀的气度，他不仅是云冈石刻中的杰作，即使在全国来说也是佛像艺术中的精品。

昙曜五窟的兴工，成为武州山皇家大窟大像营造的开始。同时，云冈附近的青磁窑石窟、鲁班窑石窟、吴官屯石窟、焦山寺石窟、鹿野苑石窟等，也相继完成。

新中国成立以后，党和政府高度重视云冈石窟，组建了专门的保护机构，面对当时洞窟裂缝纵横、坍塌严重、石雕风化剥落的凄惨景象，多次组织专家进行勘察、发掘、研究和维修保护。

1950年对云冈石窟进行勘测调查，1955年正式成立专门保护管理机构，1960年国家文物局召开云冈石窟保护会议，1961年国务院公布云冈石窟为全国重点文物保护单位。

1965年公布云冈石窟保护范围，包括重点保护区、安全保护区、地下安全线，形成上中下立体交叉与远中近多层保护体系，以确保石窟安全，为保护石窟打下良好的基础。

2006年8月，云冈石窟研究院挂牌成立，开展了大量的保护工作，建立了一支专业保护队伍，不断进行着石窟保护的科学研究。

知识点滴

# 富丽堂皇的中期洞窟

北魏前期，昙曜五窟的开凿，掀起了武州山石窟寺建设的高潮。

那时，广泛吸收民间资金，王公大臣、各地官吏、善男信女纷纷以个人、家族、邑社等形式参与石窟建造，或建一窟，或捐一龛，或造一壁，或施一躯，于是成就了武州山石窟寺的蔚为大观。

云冈中期石窟开凿时间为471年至494年，编号第一窟、第二窟、第三窟、第五窟、第六窟、第七窟、第八窟、第九窟、第十窟、第十一窟、第十二窟、第十三窟，或称孝文时期石窟。

孝文帝在471年继位，他和祖母文明太皇太后都是大力扶持佛教的人物。这时开凿的云冈石窟无论从规模上还是内容上都超过前期，当时所征收的财力物力集中于云冈石窟开

凿，所以佛龛的数量和造像数量都急剧增多。

第一窟、第二窟均位于云冈石窟的最东端，为同期开的一组，因两窟的形制、内容相似，内外设计严谨统一，故称"双窟"。

第一窟、第二窟都凿于孝文帝迁都洛阳之前，两窟外壁东西两侧各为三面开龛造像的一层方形佛塔，两窟均上置明窗，下开窟门，窟前似为共一前庭。

第一窟、第二窟窟内都是方形平面，平顶，窟内中央雕造方形塔柱，中心塔柱直抵窟顶，四壁开龛造像，窟形前狭后宽，前高后低。这种形制的洞窟被称为"塔庙窟"或"中心塔柱窟"。

第一窟东西宽7.15米，南北进深9.45米，上下高5.75米，中央雕琢出两层方形塔柱，后壁立像为弥勒，四壁佛像大多风化剥蚀，南壁窟门两侧雕有维摩、文殊画像，东壁后下部的佛本生故事浮雕保存较完整。塔南面下层雕释迦多宝像，上层雕释迦像。浮雕5层小塔。

第二窟东西宽7.55米，南北进深10.8米，上下高6.2米，中央为一方形3层塔柱，北壁主像为释迦佛，每层四面刻出3间楼阁式佛龛，窟内壁面还雕琢出5层小塔，窟南壁窟门两侧都雕有维摩、文殊画像，塔南面下层雕释迦多宝像，上层雕三世佛。

这是云冈中期出现的新的造像组合，两窟壁面最上层雕琢了天宫乐伎和千佛行列，庄严肃穆与生动活泼的形象融合，体现了佛国世界的清净和美好。

第一窟、第二窟的中心塔柱分别为两层瓦顶出檐和3层瓦顶出檐，皆为仿木结构屋顶形，塔据四角各楼雕一根八棱柱，使塔柱更加宏伟华丽，塔层的屋形檐额、瓦拢、斗拱等仿木建筑的雕琢。

两塔顶部均以两龙相交缠绕之须弥山与窟顶相连，塔身四面各层皆雕佛像，由于风化以后的塔呈上大下小，所以被称为"倒悬塔"。

第一窟、第二窟北面都有较丰富的雕琢，技法精湛。下面为一列禅定坐佛，两窟的中部为大型龛坐佛，龛楣装饰华丽，下部为浮雕佛传故事和供养人行列。

此外，第二窟北壁西侧地面自古就有泉水流出，此即"云中八景"之一的"石窟寒泉"，石窟寒泉又被称"石鼓寒泉"。

石鼓指的是第一窟，仔细倾听第一窟，会听到"嘭嘭"的鼓声，这种鼓声千年以来仍隐约可闻，所以又被称为"石鼓洞"。

寒泉指的是第二窟，据记载此水"清冽可饮，饮之愈疾"，是大同地区难得的清洁用水。后将此水引出洞窟，以岩石雕回旋图案"流杯渠"为泉水出口，增加了艺术效果，成为云冈石窟的景观之一。

第三窟位于云冈石窟东区西端，是云冈石窟中规模最大的洞窟，前立壁高约25米，传为昙曜译经楼。

第三窟分前后两室，前室上部左右各雕一塔，中雕方形窟室，主像为弥勒，壁面满雕千佛。后室南面两侧雕琢有面貌圆润、肌肉丰满、衣纹流畅的一佛两菩萨，坐像高约10米，两菩萨立像高6.2米。

第三窟窟形奇特，它的平面呈凹字形。从外形看，有别于一般洞窟。它的底部是两个窟门，通入内洞，似为窟门，东小洞独自成门，与内洞相通。

两小洞的顶部形成一个大的平台。平台上东西两侧有方塔遗迹，约3层，风化非常严重。

第三窟中间有一像龛，龛之两侧开两个明窗为窟照明，明窗之上最高处有一排12个大形长方架梁孔洞。梁孔之上是山顶，顶上曾有石室数间。

第三窟这样的石窟在云冈石窟中是一个奇物，在全国的石窟中也属罕见。

第三窟是个神秘的洞窟，它的硕大无比、宽大深远，使人觉得它像个天然岩洞，从西小洞可以进入内

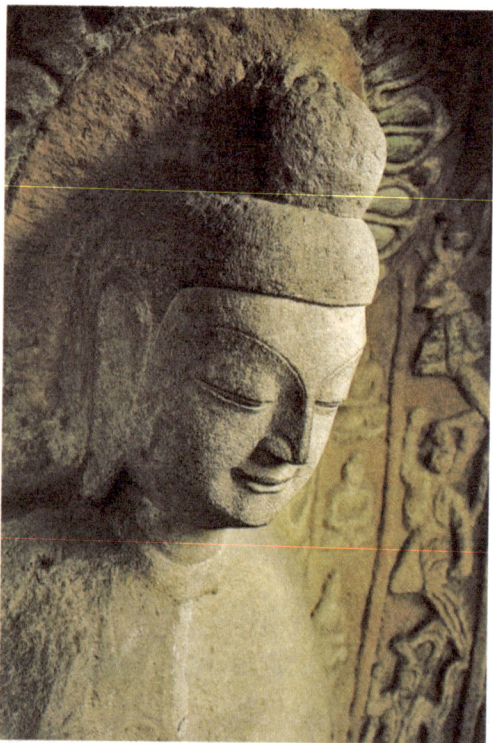

窟。而且洞窟非常之大，洞窟的窟形也非常不规则，底边宽达40多米，两侧深达约15米，窟高近20米。

如此巨大的洞窟，仅刻3尊大佛像。这3尊造像刻在凸出的壁面的西侧，只占去壁面的三分之一的位置。而这3尊造像的雕琢又十分精美，且又有别于其他云冈造像。除此之外洞窟四壁别无雕像。

关于第三窟大像的雕造时间，意见分歧一直很大，有的认为与昙曜五窟同期，有的认为在孝文帝迁都之前，更有说法诸如隋炀帝为其父隋文帝所建、初唐作品或者唐朝中后期产物。后面3种说法，根据大同历史条件分析，基本没有可能性。

比较可信的说法是第三窟雕琢于孝文帝迁都之前，因为第三窟是云冈最大的洞窟，工程因某种变故而中途停止。

窟外两层中央的弥勒窟，呈殿堂式，居中一尊交脚弥勒。弥勒窟两侧，各有一座3级石塔，这显然是一组弥勒天宫的完整造型，属于北魏作品无疑。

第三窟窟内仅有一佛二菩萨，佛做说法态，目光直视左前方，左前方隔壁正是窟外的弥勒殿。整个第三窟造像，内外呼应，刻画的是《佛说观弥勒菩萨上生兜率天经》的情景，反映的是进入净土世界的神圣与庄严。

据考证，第三窟是文献记载的"通乐寺""灵岩寺"，当时可居僧人达3000人。

云冈第五、六窟在云冈石窟群中部，为465年至494年开凿的一组双窟。庙前有1651年建造的5间4层木楼阁，朱红柱栏，琉璃瓦顶，颇为壮观。

第五窟开作椭圆形草庐形式，分前后室。后室北壁本尊为释迦牟尼坐像，主像为三世佛，中央坐像高17米，为云冈最大的佛像，膝上可站100人，中指长2.3米，两膝之间距离为14.3米，堪称云冈石窟佛像的"鸿篇巨制"。

正如元代诗人王度所写"耸峰危阁与天齐，俯瞰尘寰处处低"，这才是云冈石窟的万佛之冠。

第五窟有大小造像2300余尊，雕饰精美，为云冈石窟保存较好的洞窟之一，外部经唐代泥塑重装。

窟西侧刻有两佛对坐在菩提树下，顶部浮雕飞天，线条优美。

第五窟为"大像窟"，因而形制与云冈早期洞窟相同，平面为马蹄形，穹隆顶。北壁置隧道为诵经道。该窟壁面东北隅因山体渗水严重而多有风

化，南壁和西壁则保存较好，显现了北魏雕琢艺术之精妙。

第五窟南壁窟门与明窗间列龛两排，上排为8个圆拱龛，下排为8个帷幕龛，龛内均置坐佛，齐整有序，威严肃穆。

在南壁上层东西两侧，各雕有高浮雕大象负驮须眉座5层瓦顶出檐佛塔，设计巧妙，雕琢精美，是云冈石窟佛塔雕琢的精品，也是我国传统建筑艺术与印度佛教艺术相结合的典范。

第五窟有39个附洞，编号分别由5号至1号和5号至39号，这些附洞的位置，除主洞明窗两侧6个、上方8个外，多数分布于主洞东侧及左侧冲沟上方的所谓"龙王庙沟"的高台上。

第五窟洞窟多为中期末开凿，但造像艺术水平却不乏云冈石窟中的精品。5号至11号洞窟位于主洞明窗西侧第一层，尖拱式外壁，窟楣中雕坐佛。

5号至11号的洞窟内东西宽1.3米，南北进深0.9米，上下高2.1米，东西北壁各开大龛，北壁坐佛褒衣博带，衣摆皱褶繁缛而下垂至地面，这种造像风格在云冈以后开凿的石窟中常可见到，面容清秀，显得异常俊美。

5号至11号的洞窟内雕琢还有几处值得一提。

一是窟顶雕琢了演奏埙、笙簧、排箫、横笛、毛员鼓、羯鼓的8个飞天乐伎。身材修长，飘带翻飞，是云冈

乐伎雕琢的精品之一。

二是南壁窟门两侧对称雕琢了"逾城出家"和"乘象投胎"的佛传故事画面。

三是保存完好的地面团莲雕琢。由于该窟距地面较高，约为6米，很少有人践踏窟内地面，成为云冈石窟唯一完整保存的北魏洞窟地面的团莲雕琢。

5号至12号的洞窟位于主洞明窗东侧第二层，严格地说，这更是一个雕琢在外壁的佛龛。

此龛的佛像头高0.45米，肉髻高耸，长眉细目，鼻梁高直，两翼分明，嘴角两侧上翘，笑容微微显露，身体前倾，颔首视下，蕴藏了极大的智慧与宽容。

第五窟是云冈石窟中期开凿的一个比较成熟的洞窟，所以洞窟空间规模、佛像造像都特别大。

位于第五窟前部正中足一米的佛像，雕琢细腻传神，极富艺术魅力。她肉髻高耸，眉眼细长，鼻梁挺直，嘴角微微上翘，整个身躯向前倾斜做俯视状，表情深沉含蓄，神态自然端庄，与其说是佛国世界的一员，不如说是真实生活中青春、纯真的写照。

大像的两侧有立服侍像4尊，两大两小。因石雕原胎皆为肉髻，据所谓"戴花冠者为菩萨，昌状者为佛"的说法，人们以佛看待，故有"立侍佛"之称。

东侧的大小服侍及西侧的小像，皆为数泥包裹。而西侧的大立侍像非常引人注目，这是北魏造像艺术达到高峰的一幅作品，它那以洗练的刀法雕琢出的端庄和微笑，呈给世人一种超凡绝圣的境界，真是敷泥剥尽，方露出本色真容。此像可谓精美绝伦，令人惊叹。

从敷泥剥落的此像可看出，主尊释迦大佛的原像可能是肉髻而不是现在看到的螺髻，因为云冈风格的佛像皆为肉髻，几乎没有出现过螺髻。

这与太安初狮子国沙门难提等在西域诸国见到佛的影迹及肉髻并带到平城，成为云冈造像的摹本有关。可以想象，敷泥剥尽睽这尊大佛是何等的风采夺目，何等的真容巨壮！

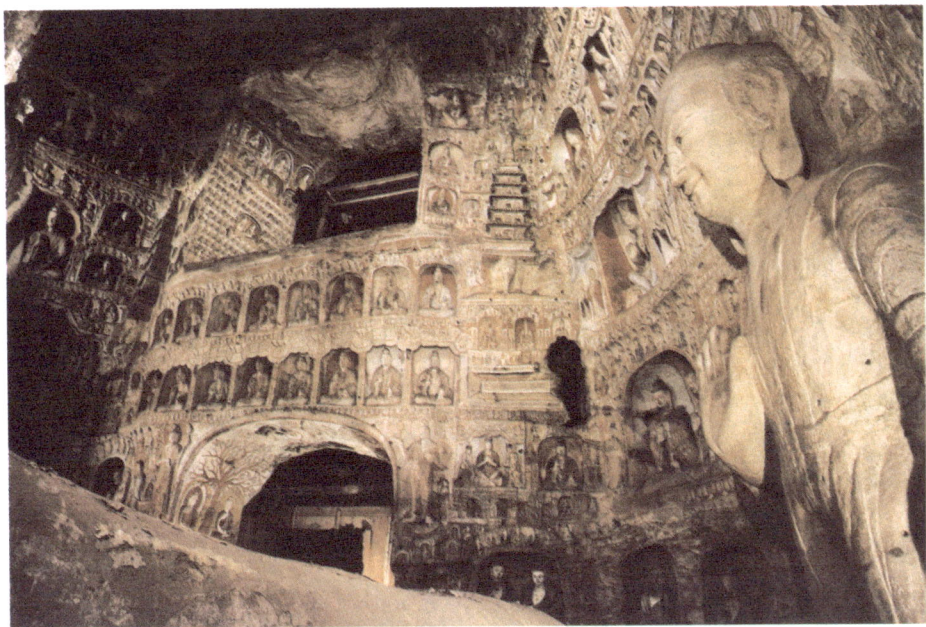

两佛对坐是云冈造像中经常出现的一种形式格局，尤其在中期洞窟为最多，之所以会出现如此多的两佛对坐，这与当时太后临朝主政有关，其实就是为太后正名、正位。

这种造型在洞窟中的大量出现，说明了当时的朝政已是"两重天"的格局。

那么在洞窟造像中，大量雕琢"两佛对坐"既要为政治服务，又需有个依据。正好，就在当时大乘佛徒们最崇尚的《妙法莲华经》里，有一个《现宝塔品》的故事可作为佛典依据：

据说在很久以前，东方有一个叫宝净的国家，国中有一佛，名多宝佛。他生前曾发下大誓愿，日后若有佛讲说《法华经》愿分一半塔座与之同坐。他死后，弟子们给他造了一个大塔，安葬在里面。

不知过了多少代，释迦牟尼在灵鹫山讲说《妙法莲华经》，当说到其中的精华要妙时，忽然从地下涌出一个巨大的宝塔，悬于空中。

这个宝塔玲珑剔透、光彩夺目，它是由七宝，即金、银、琉璃、水晶、玛瑙、珍珠、玫瑰镶嵌而成，所以叫"七宝塔"，也有人叫"多宝塔"。

七宝塔中有一位多宝佛，他就是过去东方宝净世界的佛，涅槃之后便全身入塔。当释迦牟尼佛演示《法华经》时，多宝佛从塔中发出大声音，赞美释迦牟尼说《法华经》的功德，而且履行本愿，将自己在塔中的座位分出一半，请释迦牟尼入座。

释迦牟尼进入塔中就在那半席上结跏趺而坐。当下亿万佛众看到两个佛并坐在七宝塔中的狮子座上，这便是"两佛同塔"的由来。

云冈石窟第六窟是一个中心塔柱式洞窟。窟形为平顶方形，平面呈回字状，其中心塔柱呈四方形。高大的塔柱直通窟顶，占据窟内大部分空间。

塔高15米，分上下两层，下层约高10米，上层约高5米，比例匀称，一层重龛楣装饰，像高不超过5米。上下两层雕饰华丽，内容丰富，间不容隙。

塔柱四面大龛两侧和窟东、南、西三壁以及明窗两侧，雕琢出33幅描写释迦牟尼从诞生到成道的佛传故事浮雕。此窟规模宏伟，雕饰富丽，技法精炼，是云冈石窟中最有代表性的一个。

第六窟中心柱塔的本体，也是糅合了许多塔的形式混合而成。下层的4个面分成4个明显的独立区，而上层则混为一体，使塔的结构形成一种新式样。

云冈中心塔柱窟的共同处是塔与壁皆独立于窟中央，上与顶相接，四面与窟室四壁平行间有南道，可绕塔礼佛，在佛教内容上又显示着四方佛土平等的意蕴，表达佛教空间观念的意向很浓。

云冈这种形制出现，有接受西域与河西诸石窟影响的一面，也有它自身的一面，这种成果又对以后我国各地中心塔柱式洞窟产生了较深的影响。

第六窟中心塔柱上层四角各雕一座9层楼阁式塔柱，每层雕成屋形，四面开宝，内雕3尊坐佛。

每层四角雕一小万柱，第一层四角雕覆盖钵式小塔，极富装饰性。塔柱雕于须弥山上，由巨象承驮。中心塔柱顶部雕为宝盖式，四面设格，内雕鸟兽，下垂三角帏帐幕。

服侍菩萨侍立于四角塔柱内侧。立佛高肉髻，面相丰圆，双耳垂肩，长眉秀目，慈蔼可亲。佛装宽大合体，右襟甩于左臂，下摆向外舒展，潇洒流畅。通身饰以舟形背光。

四周雕火焰纹，内雕坐佛与飞天，精美华丽。佛室设计巧丽，雕琢精细，造型宏伟，气势辉煌。

云冈第七、第八窟位于云冈石窟的中部，由于洞窟的形制及窟内造像的布局基本相同，所以这两个窟也被称为双窟，是云冈石窟中期开凿较早的石窟。第七窟前的木构建筑是1651年修建的。

第七窟、第八窟平面均为长方形，窟内布局上下分层，左右分段，具前后室，前室原依崖面架木构屋顶，前室外各雕塔柱，两窟前室置碑，碑下具龟，两窟前室后部凿有南道相通。

第七窟窟前建有3层木构窟檐，窟内分前后两室，后室正壁上层刻有菩萨坐于狮子座上，东、西、南三面壁上，布满雕琢的佛龛造像。

第七窟南壁门拱上的6个供养菩萨，形象优美逼真。窟顶浮雕飞天，生动活泼，各以莲花为中心，盘旋飞舞，舞姿十分动人。

第七窟将释迦牟尼一心求道的艰难历程描绘了下来，当人们从这30多幅浮雕画前走过时，释迦牟尼那不凡的一生便清晰地呈现在面前，这大约也是当初雕琢者的意愿吧！

第七窟下龛为释迦、多宝两佛并坐像，壁与窟顶相接处雕一排伎乐人像，各执乐器演奏。东西两壁对称开凿，壁与顶部相接处雕一排千佛。

下分4层雕有8个不同的佛龛。南壁凿有一门一窗，左右两侧各雕4个佛龛。

门窗间有6个供养人和伎乐天人像。明窗内雕菩萨和禅定比丘。内拱内雕力士、护法天王和飞天。顶部分格雕平棋，中为团莲，周雕飞天，把整个窟顶装饰得花团锦簇。

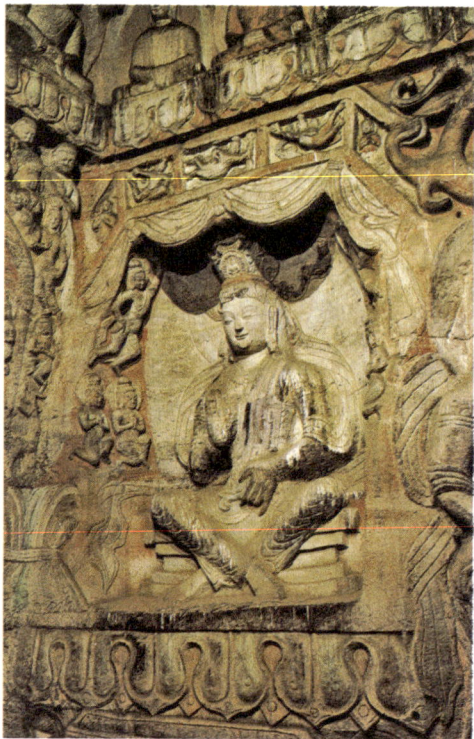

第七、第八窟与前期窟群比，在形制、内容、造像构成、题材等方面出现了诸多变化，从中折射出北魏社会变革的洪流。

云冈早期的"昙曜五窟"的顶部是较原始的密隆顶形式，主要是为了最大限度地容纳大佛。中期的石窟有了很大的不同，本尊退后，前庭宽大，窟顶进一步向我国建筑构造发展，从而出现了平顶窟、平棋、藻井图案等。

所谓平棋，即将窟顶雕为棋盘式方格状，故称平棋。藻井则为覆斗形窟顶式。

云冈的平棋藻井有它的特点，又饰以有动有静的飞天、莲花、玄武、朱雀、龙等雕琢。

第七窟、第八窟后室入口两侧，东西壁对称的浮雕是两尊护法神。按佛教命名他们分别是摩醯首罗天和鸠摩罗天。鸠摩罗天五头六臂，长发披肩，手持日、月、飞鸟及法器，骑乘于孔雀背上。

它们的上部各雕一处飞天，其衣纹飘带采用阴线雕饰，朴拙典雅。这两组雕琢生动无比、造型奇特，是我国石窟中少见的艺术珍品。

在佛教石窟艺术中，鸠摩罗天是作为佛的护法神出现的。据说他在海上漂浮，肚脐上长有一朵莲花，上坐大梵天，他的妻子是吉祥天女，坐骑是金翅鸟迦楼罗。

他不仅有护法能力，并能创造和降魔。这位护法神，既是天上护持佛法的力士，又是主司人类生殖的人种神，他有着保障众生、镇国护民的作用。

摩醯首罗天三头八臂，面作菩萨相、身着菩萨装；面容饱满、安静慈祥。手持日、月及法器，手掌心向外托着累累硕硕的葡萄。这葡萄的图像意义，是用于象征如同葡萄一样多子的生殖愿望。

在印度的民间宗教信仰中，摩醯首罗天是一位丰收神。在远古人类的观念中，丰收的含义里也有生殖的意义。所以摩醯首罗天也具有生殖神的意义。

把它刻在第八窟的拱门东侧，首先就在于这种创造生命的意义所在，也反映了拓跋鲜卑族渴望生殖、征求蓄衍的愿望。

这位被佛教接受和改造了的生殖之神，汉译为"大自在天"。他

住在色界之顶，被尊为三界之主，他有上千个名称而且是一体三尊或一体三分。

此窟拱门东侧采用高浮雕加阴线镂刻的两组多头多臂天神，彼此保持了和谐、均衡与对称的审美关系，也是云冈雕琢艺术中的精品。

第七窟主像下龛为释迦多宝，上龛正中为弥勒菩萨，两侧为倚坐佛像；第八窟主像下龛为坐佛，上龛正中为倚坐佛像，两侧为弥勒菩萨，两龛都出现交脚坐佛和维摩文殊龛。

第七窟、第八窟人物造型面相丰满，躯体健壮。佛像着右袒大衣，菩萨斜披络腋，有的有短璎珞，造型与第一期接近。装饰室形有圆拱、顶帏帐两种，后者雕饰兽面，龛柱柱头有卷云纹和元宝形两种，供具只有摩尼宝珠，装饰纹带有莲瓣、单列忍冬、方格莲花。

在第七窟后室南壁门拱上面，有一组雕琢格外引人。那是6位单腿曲跪，双手合掌的供养天。她们以三位一组，两边排开，相向而对。

她们头束高髻，佩带臂钏，帔帛绕臂向身后，她们虔诚、安详、自在、超逸，从她们的眼神、面颊、嘴角乃至身姿上散发出来的是一种女性羞涩喜悦、内心幸福的状态。

薄薄的轻纱随身垂落，翻飞的彩带随风飘起，丰满的体态优美动人。这6尊供养真切地将北魏女子有血有肉地保存了近千年之久。

不说她们特有的风韵、尊贵的气质和那种超凡脱俗的神态使人为之流连，站在她们面前，人们会想起希腊的维纳斯。难怪看过她的人都称赞说这是云冈石窟中最美的供养天，是东方的维纳斯。

云冈五华洞位于云冈石窟中部的第九窟至第十三窟，这五窟因清代施泥彩绘而得名。

云冈石窟第九窟分前后两室，前室门拱两柱为八角形，室壁上刻有佛龛、乐伎、舞伎，造像生动，动感强烈。

云冈石窟第十窟与第九窟同期开凿，分前后两室。前室有飞天，体态优美，比例协调。明窗上部，石雕群佛构图繁杂，玲珑精巧，引人注目。

第九窟与第十窟是一组双窟，是云冈石窟中殿堂风味最浓的两个窟。而且这两窟以其前殿有列柱开间，是为云冈一大特点。两窟的前殿各有两根露明通顶石柱，柱呈八角形，柱面各刻10层佛像，柱下刻

须弥座，座置于柱础上，柱础为大象。

可惜柱身外面雕琢及柱础象头部分皆已风化殆尽，已不能显示当年的富丽景象。

两窟的外殿各由两柱分间，形成3开间的布局，外殿的雕琢极尽细腻与豪华。前室内部空间的安排，直接体现了双窟的布局原则。

第九窟、第十窟平面呈长方形，后室与第七窟、第八窟相似，前室东、北、西三壁高约10米，规划整然。水平的莲瓣纹带将三壁统一划为上下两层，与后室的层序相呼应。东西北三壁佛宝的配置更明确地反映出双窟的意义。

首先，第九窟西壁与第十窟东壁是同一堵隔墙的两面，两壁上层的屋形龛，左右立柱、中间的交脚佛坐像、左右的服侍菩萨立像、服侍上方的飞天，形式几乎完全相同。

其次，第九窟东壁和第十窟西壁上层屋形龛及其左右八角柱、中央交脚菩萨坐像、两服侍下半跏趺菩萨坐像形式也是相同的。

此外，两窟北壁上层东西的二佛并坐龛、下层东西翼和拱门楣龛、左右八角柱，也属相同形式，只是安置主像不同。双窟内屋形龛的建筑结构是模仿了汉魏以来的瓦顶木构建筑。

造像，佛、菩萨、诸天、鬼神、门神源于遥远的西方样式，但是经历了若干次类型化过程之后，又由云冈的雕工改造成质朴简练的造像。在这对双窟中神佛成了裸形童子的同类。

如第九窟后室南壁的鬼子母神像虽然也像犍陀罗风格的浮雕一样与释迦并坐，刻画出一对夫妇形象，但两像均为童颜，男女性别也无从判明，据其膝上所抱幼儿才可断定为鬼子母神。

第九窟、第十窟两窟中须弥山的雕琢甚多，是云冈诸窟中少有的。如东西两侧列柱的柱基刻成的须弥山，第九明窗西侧，是一幅乘大象菩萨漫步于须弥山上的浮雕，而第十窟门拱浮雕可谓是一个完全反映鲜卑民族的须弥山。

其实须弥山只是一个地理模式，它既是佛教大千世界每一世界的中心，又是印度神话和佛教中的众神之居所。

第十一窟是云冈较早出现的中心方塔式洞窟。中心塔柱分两层，下塔约占塔身的三分之二，四方雕立佛，上层南面是交脚像，其他三面为小立像。

第十一窟内的布局全部不对称。西壁满布佛宝，形式各异，雕琢精美，无统一布局。东壁有"太和七年造像志"和邑信士54人雕琢的95尊雕像。

这些佛窟大约也是当时的善男信女们各自为修功德而独立雕琢的，所以才形成了这种不对称、无统一布局的雕琢。南壁不同于东西

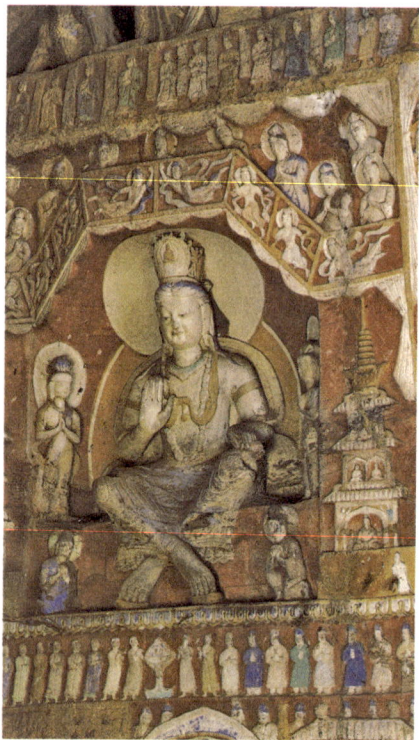

壁，南壁明窗两侧像雕琢内容极为丰富。其中有佛塔、有伎乐天、有供养人还有千佛龛。

第十一窟的东西两壁不对称布局，打破了我国由来已久的开窟造像传统的主体突出，两翼对峙的局面。此窟的布局是东部小龛错落有致，西部出檐七佛立像，其大超人。

第十一窟最引人注目的是西壁中部雕琢出一个较大的屋形龛，佛龛的造型和雕琢精确而简洁。其瓦垄、屋檐等建筑形象逼真。在这宽敞气派的空间，雕琢出高约3米的7尊立佛。保存完好的有5尊。

他们头挽波状发髻、身着褒衣博带装，胸前结带、长裙飘逸；身姿优美，独立而出；在周围布满小佛龛小造像的衬托下，更显其大超人。他们身体前倾，右手着印，似在点化着人间迷途。

这7尊立佛雕法细腻。每一尊都准确地表现出它们各自不同的涵养和法用。初看它们好似一体一式，但若仔细欣赏，它们全然不同各有特色。这7尊佛都有不同的名字和不同的经历，它们站在这里呈现出一种多样而又统一的和谐美。

此塔下层正面立佛两侧的两尊服侍浮雕，完全是另一种风格，她们头戴高冠，长裙曳地，帔帛交叉，长颈消瘦，那清秀娟美的浮雕如同一位超凡脱俗的神灵。

　　第十一窟也是云冈题记最多的一个窟，《太和七年造像志》是云冈较完整的一通题记，在第十一窟东壁的上部。该志为磨壁石刻，呈长方形，横长0.78米，竖高0.37米。刻字24行，共有336字。此志以其年代最早、文字内容详细而成为研究云冈石窟的一通有价值的题记。

　　《太和七年造像志》题记是由京都平城研习佛义经理的善男信女54人在云冈刻石造像后写下的一段心愿。题记的内容阐述了当时造像的来由及所处时代背景、佛教活动等，并将造像祈福的心愿作了细致的描述。

　　这通题记叙事完整、情感真诚表达所用的文字质朴无华，陈述所用的语言很有民俗味道。

　　《太和七年造像志》题记是魏碑体，其风格以浑厚古拙、方重圆静为特色，字形端正平顺，用笔朴实苍劲，在书法上是魏碑早期的杰作之一。

　　第十二窟是云冈石窟中艺术氛围最浓的，人称"音乐窟"。的确，在这个洞窟完全可以感受到一种"庄生天籁"般的美妙境界。

　　第十二窟最耀眼的当是前室北壁，那简直是人间石窟中最华丽的墙壁。那佛陀含笑、莲花盛开、飞天起舞、伎乐弹奏的浮雕造像色彩缤纷、琳琅满目。

　　飞天与菩萨分层而列，伎乐与佛龛并列而排，直至窟顶的伎乐与

飞天，它们组成了一个宏大的乐舞殿堂，其华美绚丽让人叹为观止。

这里是音乐的殿堂，这里是舞蹈的天地。佛陀在这壁低眉合掌含笑聆听，众僧在那厢痴迷凝目沉浸其中，乐手在一边怀抱琵琶忘情弹奏，飞天在四方扬袖翻飞，真可谓一座洞窟打开，现出一个华美绚丽、神佛共舞的洞天。

在云冈诸洞窟中，像第十二窟这样以音乐、舞蹈为主要内容的洞窟，在全国石窟中也实属罕见。当人们入居其中，环目四壁，凝神屏息，那布满四壁的十方诸佛、层层叠叠的飞天伎乐组成了一个宏大的音乐仪式，使人聆听到一种佛籁之音。这声音是佛国的，也是鲜卑的。

第十二窟属于云冈中期的工程。它与第十一窟、第十三窟同在一个面阔九间的寺庙的覆盖下，窟前是4根露明温顶的大石柱，柱上刻满千佛坐像，是前殿后堂式格局。

洞窟方方正正，窟顶平平展展，已与前期的马蹄形平面和穹隆顶的简朴风格大不相同，它开始向宫廷殿堂式过渡。这也是工程进展的一个显著变化。

第十三窟位于云冈窟群中区的最西端，窟内的主尊佛像为"交脚弥勒"，像高达13米，高大的身躯直通窟顶。只可惜风化较为严重，此像经后世敷泥包裹，真容难见。只有右臂下的"托臂力士"以它奇妙的造型引人注目。

托臂力士用4只臂膀托举着主像仰掌的右臂，在力学上它所处的支撑点正是大佛右臂的悬空处，对大佛的右臂形成一个强有力的支撑。

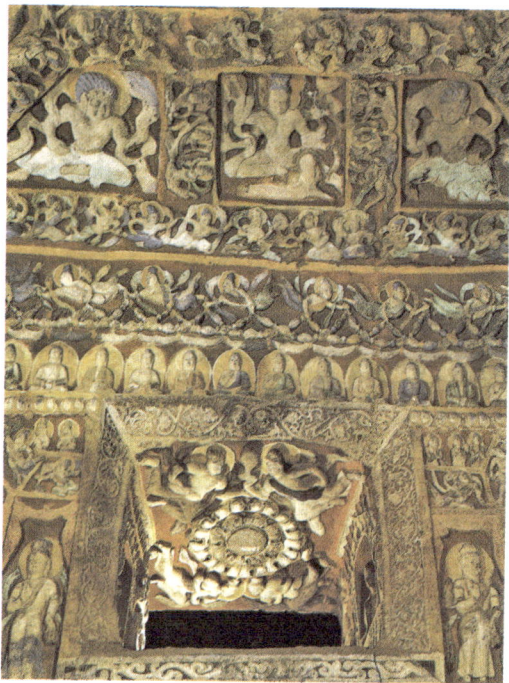

同时，这个托臂力士的雕琢造型非常绝妙，在艺术上它与大佛形成鲜明的对比，它的小衬托出佛的大，它的动衬托出佛的静，这个托臂力士使这个阔大而威严的洞窟，透出一种活跃的气息。

第十三窟东壁的龛楣装饰是云冈石窟中最丰富的，龛楣两端有两龙交首、金翅鸟、蝎首、狮子等装饰，有的还在龛的基本形式上再刻以飞天化佛等，使龛式、人物、动物的装饰表现得更为明显突出，体现出宗教艺术追求庄严富丽的效果。

中期云冈石窟开窟的实际倡导者还是孝文帝和冯太后。冯氏在北魏历史以及云冈石窟开凿上所起的作用是至关重要的。

根据文献记载，476年献文帝死，在此以前，孝文帝已在延兴元年继位。

初期，孝文帝并无实权，冯氏临朝亲政，大权在握。这种情况一直延续至489年，后来出现"太后之谪"的新情况，太后逐渐失势，

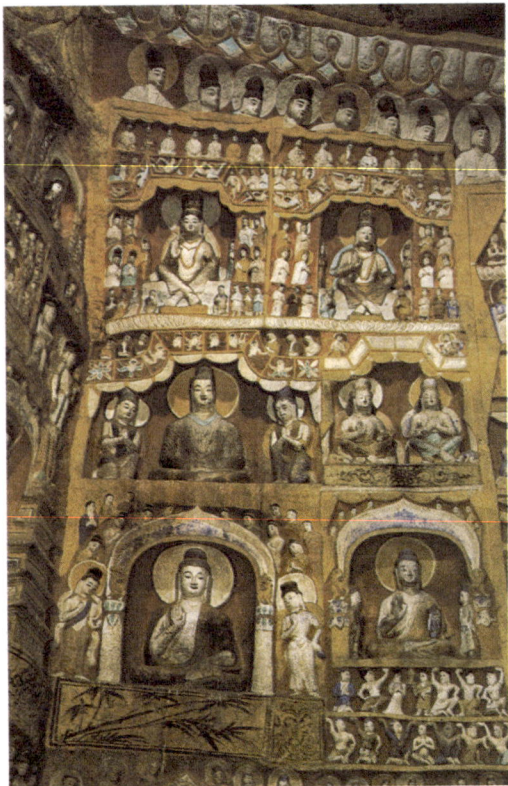

490年冯氏去世。在此期间冯氏对国事起决定性作用，所以当时称孝文帝和冯氏为"二圣"或"二皇"。

在他们执政期间，北魏史上发生了一个重大变化，就是孝文帝的汉化改革。其中太和十年的服装改革，对云冈石窟的关系最为重要。

南朝士大夫所着的褒衣博带式服装，由皇帝带头穿着，并用行政命令加以推行，这种措施率先在平城地区执行，也首先反映在云冈石窟太和13年以来的造像上。

文献和碑文中都提到一种叫"石祇洹舍"的建筑，根据云冈石窟的窟形和建筑形式，这是一种汉式的楼阁、殿堂式建筑。云冈中期以后，洞窟形制不再是草庐式，而出现了仿木构形式的汉式楼阁、殿堂和佛寺，我们称为屋形龛或屋形窟。

在孝文帝和冯氏的支持下，北魏佛教已经同文成帝复法时主要依据的凉州佛教不同了，更多受到中原及南方佛教的影响，连续出现双窟，规模较大。

中期石窟，平面大都为方形而且开凿有前后室，这种窟形最早见于龟兹石窟，称为佛殿窟。有的在窟内开有隧道式的礼拜道，如第九窟、第十窟。

这一时期的主要特点是，汉化趋势发展迅速，雕琢造型追求工整华丽，出现了许多新的题材和造像组合，侧重于护法形象和各种装饰，石窟艺术中国化在这一时期起步并完成。

我国传统的建筑形式在这一时期开始出现。如第九窟、第十窟、第十二窟窟前列柱，洞开3门，这是当时的檐柱，上雕瓦垄、屋脊，窟壁面雕成仿木构建筑的屋形龛。

这种建筑同南方佛寺不同，南方佛寺从一开始就前接木构屋檐，是石窟同木结构的结合。这种屋形龛屋形窟的出现，反映了汉文化因素的急剧增长。

花纹装饰图案、动植物装饰图案及纹样装饰遍及云冈各窟，几乎占据了七分之一的空隙。其中以青龙、白虎、朱雀、玄武作装饰的图案为最多，特别是在中期的洞窟内。

如第十窟至第十二窟门楣上的边纹雕琢，在多方连续对称的忍冬纹浮雕带上，突出了高浮雕的朱雀、白鹿、莲花和化生童子等，这种装饰艺术可以说是民族风格的新创造。

缠枝植物图案，是南北朝兴起的装饰。它是否随着佛教传入我国现在不好下定论，但是它和我国传统的云气纹有相吻合的地方。

从装饰题材来看，最重要的是莲花图案和缠枝植物花纹图案，它们对我国后代的装饰图案影响很大。莲花在佛教中代表"净土"，所以佛座也称莲花座，因此在佛教艺术中，莲花也就成了主要的装饰图案。

知识点滴

# 清新典雅的晚期石窟

在孝文帝定都平城后期，就佛教来说，非常注重义学和义理，所以这时宣扬《维摩诘经》《法华经》《涅槃经》等大乘佛教思想的佛经，在北魏境内得以流行。

孝文帝时期广建佛寺，平城内外佛寺非常兴盛，见于文献的佛

寺，著名的有思远佛寺、报德寺、永宁寺等。所以云冈后期出现了洞窟形制的改变，应该是依照当时平城的寺院，而当时平城的寺院是仿造汉族传统形式修建的，石窟形象的改革反映佛寺形象的改变。

这个时期题材多样化，形象趋于清新，造型趋于典雅，表明汉化因素的增长和西方因素的削弱。就当时政治形势来说，孝文帝时期可以说是北魏政权最稳定最兴盛的时期。这多种因素的综合和影响，也就产生了晚期样式。

云冈晚期石窟开凿时间为494年至524年，主要分布在第二十窟以西，还包括第四窟、第十四窟、第十五窟和第十一窟以西崖面上的小龛。约有200余窟中小型洞窟。

孝文帝迁都洛阳后，尽管政治、经济中心南移，平城作为北都，仍是北魏佛教要地。这时大窟减少，中、小型窟龛从东往西布满崖面。下限时间定在524年，根据《金碑》记载，云冈造像铭记最晚一例是525年。《金碑》所记载有关云冈的史料是可靠的，当为信史。

迁都洛阳后，司州改为恒州，代尹为代郡太守，新置了平城镇。平城地区系州、郡、镇三级治所所在地。另外鲜卑拓跋部是游牧民族，习惯比较凉爽的气候，洛阳的气候比较热，北魏的皇室贵族不大习惯。所以迁都后，孝文帝下令"冬朝京师，夏归部落"。

虽然迁都了，平城和洛阳往来还是很频繁的，平城没受到太大的冷落。平城的经济实力和造像实力也未遭到削弱，因为直至迁都洛阳为止，平城已有30余年开窟的历史，培养了一大批娴熟的造像力量，积累了相当丰富的开窟造像的技能经验。

就开窟者来说，主要是没有随皇室迁都洛阳的贵族官僚或虽迁到洛阳但夏季仍回平城度假的官僚，官职不高，中下级为主，包括一般的佛教徒。

迁都后，首要的任务是先建宫殿，佛寺的建筑还无暇顾及。文献记载，孝文帝迁都洛阳初期，城里只保存了一座永宁寺，城郭内保存了一座尼寺。说明这时候佛教中心仍在平城，孝文帝时龙门石窟造像主要是古阳洞一带。

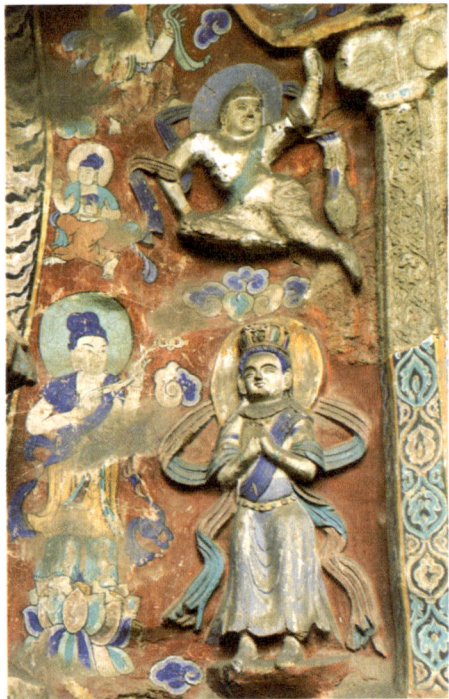

到了孝明帝时期，他的祖母灵太后胡氏掌握了主要政权，这时洛阳佛寺急剧增加，平城云冈造像开始衰落。云冈晚期石窟形制特点是洞窟大多以单窟形式出现，不再成组；内部更为方整、规制；造型更趋消瘦，坐佛下摆褶纹日趋重叠、繁缛；佛龛的装饰也更为复杂，龛楣、帐饰更为多变。

佛像和菩萨面形消瘦、长颈、肩窄而且下削，这种造像后来发展为"秀骨清像"，成为北魏后期佛教造像显著特点。尽管这种像大量出现在龙门，但它的酝酿形成是在云冈晚期。

新的装束是上穿短衫、帔帛呈"X"形交叉穿璧，这种形式成为北朝后期菩萨装的代表。交叉穿璧式菩萨最早出现在云冈晚期；而飞天的服饰基本同以前一样，但早、中期飞天露脚，晚期不露脚。

这一时期多为中小型洞窟，类型繁杂，式样变化迅速，流行千佛洞、塔洞、三壁三龛式或四壁重龛式洞窟，窟门外出现雕饰。造像内容趋于简单化，形式趋于程式化。三壁三龛式窟的北壁主要题材多为释迦多宝。四壁重龛式窟北壁上为弥勒，下为释迦。

云冈石窟第四窟处于第三窟西侧一个不太引人注意的斜坡上，是一个拱门两个明窗，拱门居中，明窗两肩，走进第四窟一看就能知道，此窟造到中途而停止，整个洞窟并未完工。

从洞窟的形制看，第四窟也该属"塔庙窟"。中央雕琢方形立柱，南北两面各雕六佛像，东西各雕三佛像，东壁交脚弥勒像保存比较完整。

第四窟据考证是云冈现存纪年最晚的造像，520年至524年开凿，是第一窟至第十三窟之间仅有的晚期大窟。只是该窟造像风化严重，已无多大欣赏、研究价值。

云冈西部窟群包括云冈石窟西部第二十一窟至第四十五窟，以及一些未编号的小窟小龛。大多属于494年以后的作品。其特点是不成组的窟多，中小窟多，作为补刻的小龛多。

这一时期的造像多为瘦骨清相，衣纹下部褶纹重叠，神态文雅秀丽，藻井中飞天飘逸洒脱，具有浓厚的汉化风格，与"龙门期"雕琢十分接近。

自第二十窟以后，是为云冈的第三期工程。云冈石窟的后期，一般是指494年孝文帝迁都洛阳以后至525年，总共31年。这一时期的洞窟形制小而杂、自由而灵活，没有统一的规划和安排，大多因地制宜，但正因这后期工程，才将云冈的东部区、中部区、西部区结成一体，使之成为一条1千米长的石窟群带。

一代代一批批高僧凭他们的精工匠艺，共同设计、共同制作，创造出云冈石窟一座座旷世无双的佛国天堂。北魏以后，云冈石窟衰落了，梵音唱晚之声，再没有越过雁门山峦。

知识点滴

云冈石窟的诞生绝非偶然，而是诸多历史必然性的结果。佛教自东汉进入我国，最初假借黄老道术在民间传播，魏晋时逐渐独立。

十六国时期，由于来自西北胡族统治者的推奉而迅速发展，同时迎合了苦难深重的中原人民的精神需求。北魏太武帝灭佛，则从反方向刺激了佛教的勃兴。石窟建造之风，由古印度、西域、河西渐次东传，至平城而特盛。

北魏自道武帝建国，至太武帝结束北方群雄割据的战乱局面，各国各地的贵族官僚、儒士僧侣、能工巧匠、金银财富荟萃平城。

特别是随后对西域的征服，直接迎来了历史上东西文化交流的新一轮高峰。

# 麦积山石窟

  麦积山石窟的一个显著特点是洞窟所处位置极其险峻，大都开凿在悬崖峭壁之上，洞窟之间全靠架设在崖面上的凌空栈道通达，因该山形状如堆积的麦垛而得名

  它开凿的年代，大部分学者认为始于后秦，历经北魏、西魏、北周、隋、唐、五代、宋、元、明、清，历代都不断地开凿和修缮，现存造像中以北朝造像原作居多。它是我国著名的大型石窟之一，也是闻名世界的艺术宝库。

# 后秦首先开凿麦积山石窟

麦积山位于甘肃省天水市东南约35千米处，是我国秦岭山脉西端小陇山中的一座奇峰，海拔约1.7千米，但山高离地面只有142米。山的形状奇特，孤峰突起，犹如麦垛，因此人们称之为"麦积山"。

麦积山是一个独峰，在它的绝壁上，不仅有大大小小几千座洞窟佛像，而且修建的凌空栈道更是攀缘曲折。那么在古代，人们是如何在这万仞绝壁上，凿出洞窟，塑进佛像，架起栈道的呢？这一直以来都是个谜。

关于麦积山石窟修建的起源，在当地民间还有这样一个传说：

很久以前，在麦积山附近的山谷里住着一户人家，父亲、母亲和儿子，父母都是能工巧匠。儿子渐渐长大成人，老两口的头发也花白了。

一天，父亲把儿子叫到身边说："我学艺将近40年了，一辈子最大的心愿，就是想凭这一身本领给后世子孙留下点什么，也不枉来人世一趟。"

儿子纳闷地看着父亲等着老人家说下去。

老父亲接着告诉儿子："咱们这里有3处地方非常奇特，一处叫麦积崖，那是一座独峰，在它的悬崖绝壁上开凿石窟是最好不过。一处叫仙人崖，那是5座山峰，东、南、西、北四山环抱中间一峰，好似一朵盛开的鲜花。"

儿子眉峰一动，眼睛闪动着亮光。

老父亲继续说："西峰下还有天然石穴，可容纳万人，也是个修建庙宇的好地方。还有一处叫石门，那里峰峦奇秀，林木苍郁，山间常有云雾萦绕，似仙境一般。从那里建造亭台楼阁，留给后人游览赏玩，也是功德一件。"

儿子看着父亲，点了点头说："父亲，您的想法我明白了，您是想把这3个地方都开凿建造出来。"

父亲叹了口气说："我只怕自己等不到那一天啊！"

母亲最了解丈夫的心思了，她听到这话，走过来说："别担心，老头子，我们3个人一人开凿一处，不就快得多了吗？"

父子俩听后，都觉着这个主意很好。于是，一家人就用抽签决定各自修建的地方，并签下契约保证如期完工。抽签结果是，父亲修建

石门，母亲修建仙人崖，儿子修建麦积山。他们说干就干，第二天就出发了。

儿子来到麦积山脚下，抬头望去，山高万仞，绝壁森森。

他想，从这上面刻浮雕、凿洞窟，真是再合适不过了，自己总算可以好好施展一下拳脚了。正想得高兴，忽然他意识到，自己没法在这万丈悬崖上施工。这下可难住了他，他日思夜想，怎么也想不出办法来。

这天，儿子又在冥思苦想，忽然听到远处传来一种奇怪的鸟叫声。仔细听来，仿佛在唱："砍完南山柴，修起麦积崖。"

这一下使儿子茅塞顿开，他高兴地冲着群山大喊："我找到修建麦积山的方法了！"他明白这一定是上天在帮他，更加充满信心了。

接下来的日子，儿子不辞辛苦，连着砍完了整个南山的木头，把它们顺着山脚一层层堆积起来，终于堆到了他想要的高度。

然后，他站在木头堆上，开洞窟、塑佛像、架栈道。修好一层洞窟，架一层栈道。儿子没日没夜地干着，完全投入到艺术创作之中。

父母已经如期完成回到了家中，但是儿子到了约定日期，却还没有回来。父亲误会儿子因为懒惰耽误了工期。儿子终于修完回来了，父亲一见他，就开口大骂，说他误了工期，是个不守信用的家伙，他们辛辛苦苦就培养了这样一个不争气的东西。

儿子不服，刚要争辩，但父亲越说越气，根本不给他说话的机会。父亲又看到儿子脸上丝毫没有任何悔意，一时失去理智，竟一挥手，用手里的斧子砍死了儿子。

等老伴闻声从外面赶来的时候，儿子已经倒在血泊之中。当父亲恢复了理智，又走到麦积山下，看到儿子建好如此奇妙、如此完美的石窟后，心里追悔莫及，到儿子的坟前痛哭了一场。后来，他们一家3口人修建的地方，都成了人们游览拜佛的胜地，而其中以麦积山最为有名。

由于他们一家人造福人类、功德无量，据说他们死后都变成了佛。而麦积山东崖上3尊10多米高的摩崖大像，传说就是为了纪念他们3个人而造的。

虽说自古传说就流行很久了，但其实麦积山的精神，却是

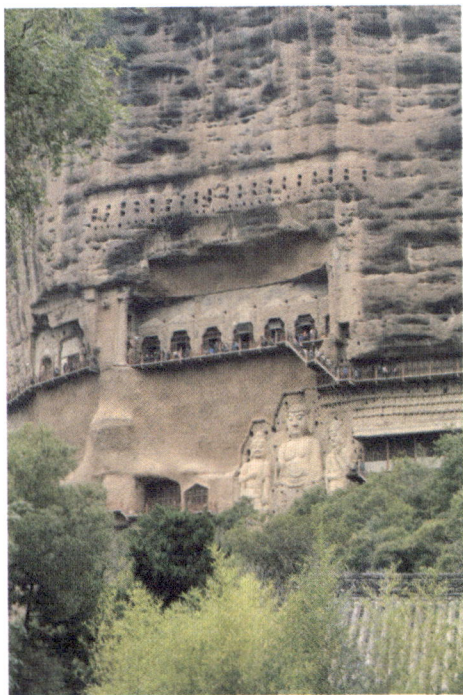

在人世的烟火中熏染出来的。

佛教传入是公元初年前后的事，当时由于丝绸之路成了连接东西方的唯一路径，所以地处丝绸之路一侧的麦积山也像敦煌一样，成了僧侣们眼中不可多得的灵岩仙境。

更遥远的已说不清楚，从史料中看出，南朝的开端420年至423年，的确有一位法号昙弘的和尚隐居在了麦积山。

所以，最迟从那时开始，麦积山便不断地有高僧住持，有善男信女供奉香火，也有人倾其所有，请当时的能工巧匠凿窟塑像。

十六国时期，后秦姚兴信奉佛教，麦积山石窟就在此时开始兴建了。麦积山东崖第三、第四窟之间的崖面上原有1157年的铭刻。13世纪成书的《方舆胜览》中说，麦积山是后秦姚兴凿山修建的，主要依据就是这段纪文。

石窟前还有1222年《四川制置使司给田公据碑》，其中也指出了麦积山石窟的创建年代在东晋，和姚秦时代不矛盾。

常言说："天下名山僧占多"。在麦积山石窟，塑佛像的最早年代，也正是佛事开始盛行之时，当时天水一带归西秦，那时候，麦积山调集众多有名的能工巧匠，在山中进行着一场浩大的凿洞造像工程。一时间，从四面八方吸引来了100多个僧人，云集在这里，崇信佛教，追求死后或"来生"的快乐。把个寺院搞得四季香火旺盛，善男信女来往不绝。

那时，在这些众多的佛教徒中，对佛经有高深造诣，创立了自己学派的，就是玄高僧人，他是麦积山最早的一位很有名气的高僧。说起玄高，有一段奇妙的传说，玄高姓魏，本名灵育，冯翊万年人，也就是陕西临潼的渭北一带。传说他母亲寇氏，一日梦见一僧人来家，随手散花后离去，他母亲自觉从那天以后就怀了胎，后来，生下个男孩，就起名灵育。

灵育12岁时，有一天跟随一位在山中隐居的僧人离家，一心想入佛门，起初山僧不答应，说是父母不听法，你不能度，他只得回到家中，向父母一再乞求要出家参佛。

两年后，他终于说服父母，来到中常山，从此背俗弃世，改名为玄高，进入佛门。

他15岁时就能在众多的僧人面前讲经说法。受戒以后，他更加专心钻研禅律。几年后，玄高听说关右有跋陀禅师在石羊夺讲佛法，他前去拜师。他在那里只有10天时间，就能"妙通禅法"。

玄高对清幽寂静的麦积山，十分喜爱。对巧夺天工的佛龛彩塑，从心底里发出赞叹之声。从此，他一面钻研佛经，一面虔诚地给众弟子传授。从那以后，长安、秦地高僧纷纷来麦积山，大家友善相处，麦积山很快成为陇右佛家圣地。

1962年，北京中央美院师生在麦积山石窟测绘实习，在第七十六窟的主尊佛座上发现了覆盖在底层的墨书题记，写的是南燕主安都侯姬后造。

据此，可以确定麦积山石窟在十六国时期已经开始兴建。在我国的著名石窟中，自然景色以麦积山为最佳，素有"小江南""秦地林泉之冠"之美誉。

知识点滴

# 北魏北周石窟的辉煌发展

后秦姚兴之后40多年中，兵戈相争不断，麦积山石窟似乎陷于停顿的局面。特别是北魏攻占西北之地后，在446年，实行灭佛，因此大量佛寺被毁，僧人被杀，十六国时期的麦积山造像也无一幸存。

而保存下来的麦积山石窟最早的作品，是第七十八窟佛坛上的墨书所题仇池镇供养人画像，应当是北魏文成帝复法之后的事。

文成帝复法，不但使造像活动重新活跃起来，而且还把造像和帝身联系起来，按照皇帝形象立佛，这大大巩固了佛教造像活动的社会影响，对清除7年灭法后造成的社会畏惧心理起了很大的作用。

麦积山第七十八窟主尊佛是三世佛，形体高大，着右袒服，衣褶线条繁密流畅，有一定的厚重感。面相略呈"用"字形，眉目清秀，鼻梁高直，唇微上翘，大耳几近垂肩，直腰趺坐，体格雄伟。四周壁面则刻有千佛。

根据仇池镇供养人题记，第七十八窟三世佛的建造年代在云冈昙曜五窟完成之后的460年和仇池镇改梁州的488年之间。第七十八窟三世佛在风格上和昙曜的云冈五窟是一个系统，风格相近。

北魏时期，是麦积山石窟的辉煌发展阶段，第一百一十五窟、第一百三十三窟是其中的代表，特点是秀骨清俊。西魏时候，麦积山石窟一度兴旺，这就是大型洞窟第一百二十七、第一百三十五窟的兴建。但是，这次兴旺是和当时西魏文帝元宝炬与皇后乙弗氏的生离死别的悲惨命运联系在一起的。

在麦积山的历史上，西魏文皇后乙弗氏不能不说是一个悲剧性的人物。北魏分裂成东魏、西魏之后，两国都想拉拢北方的柔然国以牵制、打击对方。先是东魏将公主嫁给柔然国国王，元宝炬面对北方柔然族的威胁，不得不迎娶了柔然国王的长女，而把感情甚笃的皇后乙弗氏冷落一旁。

乙弗氏在这种情况下，先是隐居在都城长安，后来因新皇后猜忌，又只好来到儿子武都王所在的麦积山削发为尼。当乙弗氏以比丘尼身份带着幼子来到秦州时，侍婢随从俱全，物质并不欠缺，而精神全寄托于佛教。麦积山石窟寺的修建因此有了兴旺的条件。

但就是这样，她仍然为新皇后所不容，1481年，柔然国起兵，文帝迫于压力，又一次违心地将乙弗氏赐死，死后在麦积崖凿龛，埋葬了乙弗氏，这就是第四十三窟又被叫作"魏后墓"的由来。当时叫作寂陵，直至文帝死后，乙弗氏才被她做太子的儿子迁到西安与文帝葬在了一起。此时距乙弗氏来到秦州不过两年时间。

西魏第一百二十七窟左壁有两菩萨，上身皆裸露，披戴着项圈、长巾，巾带宽平，巾端卷折如鱼尾。其中一尊菩萨左手垂放体侧，右手屈肘上举，掌心向上。

另一尊菩萨双手皆屈肘抬起指向方向一致。头上发式都是从额上向左右分梳至后披下。高髻前有冠护持，面相较瘦，眉毛弯曲，细目如柳叶，嘴角翘起明显，精神活泼，比起北魏菩萨的含蓄笑意，显得更加轻快。

同样，主尊佛的造像也有清峻之相，如第四十四窟的坐佛，头梳流水状高髻，着双肩袈裟，博带广袖，服饰相当简洁洒脱，眉目修长舒缓，直鼻小口，笑意微妙动人，神情恬静自适。

西魏地处西北，毕竟接触胡人的机会较多，在石窟造像中，作为主尊佛、菩萨、弟子等的造型和精神状态的刻画上，追求和慕效南朝士人之风，固然是其必然。但在一些非主要形象的刻画上，造型往往有胡人特点，也能很好地注意到精神境界的表现。

第一百二十三窟左壁有一位侍者造像，头戴圆顶毡帽，身穿圆翻领窄袖长袍，面相瘦削，呈"甲"字形。眉弓高长，鼻梁高直而窄，上唇短而下颌长，一望而知是胡人的形象。

他的双手对拢放于袖口之中，头微前倾，目光下视，含一丝笑意，是一副虔敬听法而内心有所感动的样子。虽然只是一个小人物，但造像工匠一丝不苟，表现得相当出色。

西魏时期的麦积山石窟中，还出现了集中的经变故事壁画。在第一百二十七窟四壁剥蚀严重的壁画中，依稀可辨的有正壁的涅槃变、左右壁的维摩变和西方净土变、受十善戒经变等。

在当时盛行本生故事的大环境中，众多经变题材出现在同一个窟中，是个奇特的现象。个中原因，仍然和乙弗氏等贵族的心态有关。

乙弗氏是在万般无奈的情况下来到秦州的，对现实生活中的不平，用善恶报应的理论来化解心中的困惑，也只有把来世寄托在极乐世界中，才能减轻精神上的苦痛，经变题材于是有了展现的机缘。

554年西魏要和北齐对抗，企图再次变革图新，不过这次变革不是继续汉化，而是恢复鲜卑原貌，自此至北周宣帝大成元年时，才又经奏议而改穿汉魏衣冠。

在这样的社会背景下，西魏原先的那种博带广袖、形象清峻洒脱的造像风格随之消失，朝着鲜卑化方向趋进。似乎可以说，也就是要把云冈前期的造像风格再次发扬光大。但是，这次发扬光大，毕竟是在石刻造像中已经风行南朝风近百年的历史上进行的，整个社会审美趣味的主流已经形成了清峻为美的格调。

在这一前提下，北周造像在极力挣脱这种处于主流地位的社会审美趣味规范下的结果，出现了相对而言的面相丰圆、形体结实而且璎珞满挂的造像类型。在客观上造成促使造像向着骨肉匀称的柔丽妩媚方向发展的趋势，也因此成为北周造像的基本特色之一。

乙弗氏之后不久，麦积山历史上又出现了另一件影响深远的事。那是在北周时，秦州大都督李允信，在麦积山距地面八十多米的地方，为其亡父造七佛阁。

登上麦积山，走到东崖的最高顶，就能看到麦积山石窟中规模最大的一个石窟，那就是七佛阁。佛阁里面有42尊泥塑大菩萨，阁外崖壁上绘有彩色壁画。据史料记载，这就是北周武帝保定、天和年间，秦州大都督李允信为其亡父所造的。

七佛阁中的菩萨都是泥塑而成，个个形态逼真、表情丰富、形神兼备、栩栩如生，是麦积山不可多得的艺术珍品。传说当年李允信想用石头来雕琢这些菩萨，但最终又选用了泥土，这里面还有这样一个故事。

相传，秦州大都督李允信不但是一个大贪官，同时也是一个佛门信徒。为了悼念其父亡灵，他不惜动用40多万人工，耗资万两黄金，在麦积山东崖开凿石窟。为了显示自己对佛的一片诚心，他不但要开凿最大的佛龛，还下令让主持工程的大和尚一定要用完整的大石来雕琢佛像。

开凿佛龛倒不难，难的是要从千里之外采运石头，再将大石运达山顶，才能刻成佛像，要耗费大量的人力物力，其中的艰难是无法想象的。

大和尚因此犯了难，不知如何是好，于是就跪在香案前，请求佛祖明示。一炷香未完，他隐约听到有声音在耳边说："佛，从西方净土世界而来，泥塑成身方可。"大和尚听后，急忙俯身叩谢。

第二天，大和尚将佛祖真言说给李允信听。李允信不但不相信，反倒说是大和尚怕麻烦，故意编出佛祖显灵来骗他。后来，他居然摆出道场，想要亲自问一问佛祖。

佛祖见他这样，十分生气，训斥他说："我佛以慈悲为怀，普度众生。你既为亡父超度灵魂，但要适可而止，切勿劳民伤财。"

李允信说："我这样做也是想表现我对佛祖的一片诚心呀！"

佛祖说："既是诚心，为何又不听从佛祖教诲。佛生西方，必用西方净土塑身！"

李允信此时仍不甘心，反问道："那为何龙门和云冈的佛像都是石雕？"

佛祖解释说："佛自西方来时，带的净土已在敦煌莫高窟用去大半，剩下的用在麦积山。因此，龙门和云冈只能用石头代替了。"

这时，李允信才相信自己错了，赶紧向佛祖叩头请罪。最后将七佛阁中的菩萨，全部用泥土塑成。

当时，正赶上颇有文名的庾信随北周皇帝巡游天水。李允信于是请庾信作铭记述这件盛事。这样就有了在麦积山历史上极负盛名的篇章《秦州天水郡麦积崖佛龛铭》。其文中写道：

> 镇地郁盘，基乾峻极，石关十上，铜梁九息。
>
> 百仞崖横，千寻松直，阴兔假道，阳乌回翼。
>
> 载莘疏山，穿龛架岭，纠纷星汉，回旋光景。
>
> ……

庾信的这篇铭文，记述了麦积山历史上一个重要的事件。在以后，当人们说起麦积山的历史时，这篇铭文几乎就成了一个标志。

至北魏以后，麦积山石窟的雕塑中不论是佛还是菩萨，从形象到衣着饰物，则完全变成了汉民族的样式。而那种以形写神和形神兼备的表现手法，更充分体现出我国古代雕塑艺术的独特风格。

明显的世俗化倾向和浓厚的生活情趣，是麦积山石窟艺术中的又一个显著特征。我国多数石窟和寺院的早期造像，一般都将佛像作成庄严、肃穆、至高无上，神圣不可侵犯的样子。

在麦积山石窟里，尽管也有这样的作品，可是从北魏早期开始就有了明显的变化，尤其是北魏晚期以后的佛像，差不多都塑造成俯首下视、面容娟秀、体态端庄、慈祥智慧、和蔼可亲、美丽善良的母性形象，有的甚至类似陕甘一带农村中常见的少女。

尤其值得一提的是第一百二十三窟内那对童男童女，他们颈项上各套戴一个长命圈，这是陕甘一带农村常见习俗的生动写照。

第四十四窟造像，曾轰动日本，被赞为"东方的维纳斯"。第四十四窟造像虽然出自1600多年前西魏的手笔，却明显感到宛如现实生活中的孩子。这说明塑匠们在造像过程中，把民间的生活现状如实地带到佛窟中去，使神灵与人间化为一体，因而使得麦积山石窟作品格外富有人情味和民间气息。

麦积山石窟除珍贵的泥塑外，还有一定数量的石雕和壁画等艺术珍宝。如万佛洞造像碑浮雕，描绘释迦讲经说法，构图严谨，刻画细腻，人物各具神态，表情自然，非常传神。

壁画中无论是描写从容前进的马匹、凌空翱翔的仙鹤，或是表现骑马作战，追逐野兽的场面，都善于掌握动势，充满着活力。这类作品数量虽然较少，但那生动优美的艺术形象和精细巧妙的构图布局，

以及纯熟洗练的技法，在南北朝同期作品中，也是非常杰出的。

麦积山石窟艺术作品，是我国古代劳动人民勤劳、勇敢、智慧的结晶，它们不仅全面真实地反映了我国4世纪末以来，在雕塑、绘画等艺术方面的发展演变过程和辉煌的成就，而且为研究我国古代的泥塑、石雕、建筑以及宗教等文化，提供了形象系统的实物资料。

在洞窟形制方面，麦积山石窟与其他石窟也有不同，一开始丝毫未受印度支提和毗诃罗式的影响，尽管后秦和西秦所开的平拱敞口大龛，还带有天然洞穴式样，但是到了北魏，北周诸代纯粹变成殿宇楼阁式样。

特别是仿汉代宫殿的建筑结构，有出檐屋脊、鸱尾、额枋、斗拱、八角或四角列柱等，是研究我国古代建筑珍贵翔实的资料。

知识点滴

麦积山石窟的一个显著特点是洞窟所处位置极其险峻，大都开凿在悬崖峭壁之上，洞窟之间全靠架设在崖面上的凌空栈道通达。古人曾称赞这些工程："峭壁之间，镌石成佛，万龛千窟。""碎自人力，疑是神功。"

麦积山石窟以其精美的泥塑艺术闻名中外。历史学家范文澜曾誉麦积山为"陈列塑像的大展览馆"。如果说敦煌是一个大壁画馆的话，那么，麦积山则是一座大雕塑馆。

# 石窟历尽磨难仍魅力永存

　　1000多年来，麦积山遭到过风雨的侵袭、人为的破坏，历史上还经历过数次大地震。但是天灾与人祸并没有磨灭麦积山的光芒，它仍完好地保存着佛教窟龛194个，泥塑石雕、石胎泥塑7200余件，壁画1300余平方米。

　　原来，在734年，秦陇发生了强烈地震，使麦积山崖面中部窟群及

东崖上部大面积坍塌，窟群自此被分裂为东西两崖。

从那以后，山峰脚下就残留着当年地震中被震落的巨大石块。这应该算是麦积山石窟历史上最惨重的损失了，很多珍贵的洞窟、塑像、壁画在山体的摇晃中跌落粉碎，还原成了泥巴。

这样的天灾在当时被视为不祥之兆，导致香积如山、僧侣过千的麦积山宗教气脉遭受毁灭性打击。就是这场地震，使麦积山在大唐盛世时只开凿了为数不多的几个石窟。

唐朝以后，麦积山在雕塑方面再无大的建树，最多只是一些数量的积累，或者是一些修修补补。但是由于有不少文人雅士、达官显贵慕名前来，相关文章也因此多了起来，如五代王仁裕等，王仁裕在登临麦积山最高处的天堂之后专门写诗留念。

宋朝在开封建国之后，我国政治经济中心也随之南移，加上由河西走廊通往西域的丝绸之路逐渐被海路运输所代替，麦积山由此进入了将近1000年的幽居阶段。

期间虽然也有一些善男信女涂彩塑像，供奉香火，虽然也有一些文人雅士寻幽探奇、登高怀古，但相对于北朝及隋唐，毕竟只是一种寂寞的延续。麦积山就这样静静地矗立了千余年。

要说麦积山的千年历史，不得不说说这里独一无二的云梯栈道，它们是麦积山历史的见证者。麦积山石窟自开凿以来，就开始修建木质的云梯栈道，以连接"密如蜂房"的窟龛。

麦积山上，古代人在悬崖陡壁上建造的凌空木头飞桥栈道，早已被焚毁，后世另外又重新修建起了神奇的云梯空中栈道。

由于山体中部突出，下部凹进，上部收缩，故而中部以下栈道由下向上层层突出，成凌空穿云之势，现奇绝惊心之景。后世的人们能

够一个一个洞窟地登临观看，全靠贴壁凌空搭建的这些云梯栈道。

麦积山东崖西部和西崖东部洞窟密集，栈道多达12层之多，被称为"十二联架"。东西两崖之间有上下两层栈道通达，上层栈道惊险至极，有"天桥"之称。

由天桥西端至下部的第一百三十五窟天堂洞，由几道"之"字形的栈梯、栈桥回环连接，被称为"云梯"。

木栈道按照秦汉以来的传统方法建造，均采取耐腐朽的油松及水楸、漆木、山槐、山榆等硬杂木制作。挑梁一般长两米左右，里端楔入崖壁的方形桩眼中，承受栈道全部荷载。

道梯斜搭于上下两层栈道的挑梁上，由斜梁、踏步板、栏杆组成，斜度一般呈45度。为此，麦积山石窟栈道堪称我国石窟一绝。

麦积山石窟以佛教为主，反映了三佛、七佛、西方净土等内容，从壁画和雕琢石碑中反映佛本生和佛传故事是佛教文学的一种重要形

式，如睒子本生、萨埵那太子舍身饲虎、涅槃等。通过对佛、菩萨、飞天等形象的塑造，反映了佛教对现实世界的精神启迪。

北魏造像秀骨清俊，睿智的微笑，暗含着对恐怖现实的蔑视，对人生荣辱的淡忘和超脱世俗之后的潇洒与轻松；西魏、北周造像的温婉和淳厚，沉醉于对现实生活的追求和对佛国世界的向往；隋唐造像丰满细腻；宋代造像衣纹写实，面貌庄重。

艺术家们扬弃了以往那种斤斤计较的细部讲究，而把感染力提到了统率一切的高度，神情动人，富有生活气息。

从麦积山各时代造像可窥见当时艺匠们突破佛教的清规戒律，以现实生活中的人物为主要素材，加以艺术的夸张、想象、概括、提炼而创作出来的具有浓郁生活气息的宗教人物：佛、菩萨、弟子、供养人等形象。

第一百二十一窟中窃窃私语的佛弟子，第一百二十三窟中童男女所表现的虔诚，不是苦行者的虔诚，而是在时代思潮影响下的童稚般的真诚和愉悦。

所以，麦积山塑像受当地社会环境的影响使其表现了当地的人与情，使佛教造像如在生活中似曾相识，使人感觉佛国世界的可亲可爱，从而虔诚奉教。

麦积山石窟曾是"有龛皆是佛、无壁不飞天"，但由于多雨潮湿，壁画大多剥落，不过仍保留了北朝时期的西方净土变、涅槃变、地狱变及睒子本生、萨埵那太子舍身饲虎等本生故事，壁画中描绘的城池、殿宇、车骑和衣冠服饰多具有汉文化特色，反映这一时期的现实生活。尤其是飞天，多彩多姿更具特色，有泥塑、雕琢、绘画以及薄肉塑4种形式。

虽然飞天的故乡在印度，但麦积山的飞天却是中外文化共同孕育的艺术结晶，是印度佛教天人和我国道教神仙融合而成的中国文化的飞天。她没有翅膀，没有羽毛，她是借助云彩而不依靠云彩，只凭借飘曳的衣裙、飞舞的彩带，凌空翱翔的美丽少女，是我国古代艺术家最具天才的杰作。

同时，在壁画、雕塑中也同样反映舞蹈、乐器等内容，为研究我国古代音乐等方面提供了宝贵的资料。

在麦积山石窟中，不同时代没有留下姓名的雕塑艺术家，在手语上所下的工夫，可谓匠心独运。但它所表现的丰富内涵，却往往为人们所忽略。例如有万佛堂、碑洞、极乐堂等不同名字的第一百三十三窟，它位于麦积山西崖上面。前堂正中而立的是高大立佛，高3.10米；身前合手伫立的是儿子罗睺罗，高1.44米。

据《佛本行集经》记载：罗睺罗生于其父释迦牟尼佛苦修6年成道之夜。佛成道后回迦毗罗卫探亲时，初次见到儿子罗睺罗。

15岁时罗睺罗从佛受记出家。跟随其父而成为十大弟子之一，即所谓"密行第一"。释迦牟尼预言其将来成佛，号"七宝华如来"。以上是佛经中记载的佛教神话。

这两尊塑像的塑造者成功地实现了塑泥质料的凝重和父子生命的灵动，两者的合而为一，使体积造型的艺术魅力得到了充分的展现，躯干立体的体积美，庄重肃穆而又蕴含着动感和活力。

而如磁石一样吸引欣赏者的审美关注的是立佛的手语。立佛右手前伸，中指朝下似乎是点化罗睺罗开悟的象征；左手拂袖平举，作兰花指印。

表现了自在、祥瑞、如意，不管光线从哪方照来，人们都可以看见两朵逆向盛开的玉兰。仔细琢磨就会感觉出"盛开的玉兰"自然的悠久的生命来。它是麦积山泥塑艺术的万花筒在宋代达到理想美高峰的证明之一。

清代诗人吴西川曾写过一首《麦积烟雨》，表现了麦积山石窟周围美丽的景色，诗中这样写道：麦积峰千丈，凭空欲上天。最宜秋雨后，兼爱暮时烟。境胜端由险，梯危若末连。钟声路何处？遥想在层巅。

可见麦积山那如仙如幻的美景使游人为之陶醉，特别是烟雨非常撩人。登上麦积山石窟的"散花楼"俯瞰，方圆百里林海茫茫，如诗如画，满目生碧，气势磅礴。